Enochian Magick

에노키안 매직 천사와 함께하는 마법여행

펴낸날 | 초판1쇄 2016년 12월 1일
지은이 | 손인균
기획 | 박한진
편집·디자인 | 박기주
펴낸이 | 박기주
펴낸곳 | 다크아트
주소 | 인천 중구 하늘별빛로 86
홈페이지 | http://www.darkart.co.kr
Email | darkartpublication@gmail.com

이 책은 저작권법에 따라 보호받는 독창적인 저작물이므로 무단전재와 무단복제를 일체 금하며, 이 책의 내용 전부 또는 일부를 이용하려면 반드시 저작권자와 다크아트의 서면 동의를 받아야 합니다.

● 잘못 만들어진 책은 서점에서 교환해 드립니다.
ISBN 979-11-959551-0-7 (03160)

값 28,000원

이 도서의 국립중앙도서관 출판예정도서목록(CIP)은 서지정보유통지원시스템 홈페이지(http://seoji.nl.go.kr)와 국가자료공동목록시스템(http://www.nl.go.kr/kolisnet)에서 이용하실 수 있습니다.
(CIP제어번호: CIP2016028489)

에노키안 매직

| 천사와 함께하는 마법여행 |

Contents |차례

6 | 여는 말

8 | 에노키안 매직이란?

10 | 에노키안 기초이론
   10 | 에노키안 세계관
   17 | 에노키안의 타블렛
   21 | 에노키안 문자를 읽는 법
   23 | 에노키안 발성법

24 | **PART I** 에노키안 수행
   : 신참자 Neophyte
   25 | 에노키안 매직 수행법의 전체 과정
   27 | 에노키안 셀프 이니시에이션
   30 | 에노키안 타블렛에서 신성한 명칭 찾기
   51 | 에노키안 오망성 의식과 육망성 의식

60 | **PART II** 에노키안 수행
   : 열심자 Zelator
   4대 원소의 왕 소환(인보케이션)

72 | **PART Ⅲ** 에노키안 수행

: 이론자 Theoricus

시니어 소환(인보케이션)

80 | **PART Ⅳ** 에노키안 수행

: 실천자 Practicus

캘버리 크로스의 대천사 소환(인보케이션)

94 | **PART Ⅴ** 에노키안 수행

: 철학자 Philosophus

원소 하위 사분면의 케루빔 대천사 소환(인보케이션)

104 | **PART Ⅵ** 이후의 수행

: 에노키안의 30에이터 방문하기

에노키안 스피릿 비전

111 | **부록 1** 에노키안 콜
138 | **부록 2** 21주 수행과정
157 | **부록 3** 에노키안 매직의 마법도구들과 마법도구 축성 의식

185 | 닫는 말
187 | 추천 및 참고서적

 여는 말

   에노키안 매직은 지금부터 약 10년 전 쯤 처음 접했던 마법체계였습니다. 물론, 황금여명단의 마법을 수행하고 있었기 때문에 완전히 처음 보는 마법체계라고 할 수는 없었지만, 본격적으로 하나의 완결된 체계로 수행을 접하게 된 것은 그때가 처음이었습니다.
   당시 에노키안 체계를 접한 후에는 그 매력에 정말로 시간가는 줄 모르고 관련 지식과 수행법들을 정리하고 해외 저자들의 서적들을 읽어가며 연구를 했던 기억이 납니다. 실제로 접해보게 되면 에노키안은 그 자체로 수많은 비밀을 내포하고 있는 체계이며, 마치 추리소설에서 단서를 하나하나 찾아가며 본질에 다다르는 듯한 느낌을 주는 체계였습니다.
   이렇게 오랜 시간이 지나서 국내에 최초로 에노키안 매직에 대한 서적을 낼 수 있게 되어 진심으로 영광이라고 생각합니다. 많은 사람들이 나와 같이 에노키안 매직의 신비에 함께 참여할 수 있게 되기를 바랍니다.

   본래라면 에노키안 매직은 많은 준비가 필요하지만, 가능하면 그러한 준비는 차차 진행해 나가면서 하도록 하고 우선은 수행을 진행할 수 있도록 의식 등을 조금 수정하였습니다. 그러므로 이 책을 읽는 여러분들은 최우선적으로 우선 실천을 하고 그 다음에 여러 가지 지식이나 도구 등을 준비해 나갔으면 하는 바람입니다.

이 책은 기본적으로 Gerald & Betty Schueler의 서적에서 많은 영감과 아이디어를 받았으며, 의식들 역시도 그들의 서적에서 기인한 것이 많습니다. 물론 이 뿐만 아니라 Aleister Crowley, James Augustus Newcomb과 Benjamin Rowe, Dr. Rudd의 자료에도 많은 도움을 받았고, Hermetics.com, Sacred-text.com과 같은 여러 신비 자료를 다루는 사이트에서도 많은 도움을 받았습니다.

Sun in Virgo, Moon in Libra

손 인 균

에노키안 매직이란?

에노키안 매직Enochian Magic 이란 천사의 마법Magic of Angel 이라고도 불리는 서양의 의식마법Ceremonial Magic 의 체계 중 하나이다. 이 에노키안 매직은 영국의 여왕 엘리자베스 1세의 궁중 점성가였던 존 디 박사Dr. John Dee 에 의해 처음으로 기록되었다. 존 디는 점성술뿐만 아니라 수학, 천문학 등의 자연과학과 마법 등의 신비주의에 능통하였던 것으로 기록되어 있으며, 그가 투시가인 에드워드 켈리Edward Kelly를 통해 에노키안의 천사들과 접촉하고 그들에게서 에노키안 언어와 에노키안 타블렛Enochian Tablet을 전해 받았다고 한다.

이후 존 디 박사의 에노키안 매직은 서양마법의 금자탑이었던 황금여명단the Hermetic Order of the Golden Dawn 의 체계에 흡수되어 사용되었고, 이를 계기로 수많은 마법사, 신비가들이 에노키안 매직 체계를 연구하기 시작했다. 이후 알레이스터 크로울리Aleister Crowley가 그의 저서인 「환시와 환청the Vision and the Voice」에서 30에이터를 여행하며 체험했던 내용들을 상세히 기록하여 출간하는 등의 연구 활동이 계속해서 이어지고 있다.

에노키안 매직에서 중요한 두 축은 에노키안 타블렛에 드러나 있는 원소의 와치타워Watchtower와 30에이터Aethyr이다. 에노키안 타블렛에는 4대 원소와 영성 원소에 존재하는 여러 영적 존재들의 이름이 드러나 있으며, 각 원소의 세계를 표현하고 있다. 이 타블렛을 네 구간으로 나누는 각각의 영역을 원소의 와치타워Watchtower라고 한다. 이 와치타워에는 감추어진 신성한 이름, 각 원소의 왕의 이름, 원소의 시니어의 이름, 캘버리 크로스의 이름, 케루빔 천사의 이름, 하부 천사들의 이름, 종천사들의 이름, 악마들의 이름, 30에이터를 관장하는 관장자들의 이름이 표시되어 있으며, 마법사는 이 타블렛에서 그들의 이름을 찾아 에노키안 매직에 사용한다.

에노키안 에이터는 이 와치타워를 둘러싸고 있는 30개의 동심원으로 표현된다. 이 에이터는 30번 **TEX**부터 시작해서 1번 에이터 **LIL**로 나아가며, 점차 나아가면서 높은 영적인 차원으로 마법사의 영성을 단련시켜 나간다.

이렇게 마법사가 여러 영적인 존재들을 소환하고 영적인 세상을 여행하면서 마법사 스스로를 영적으로 단련시켜 나가는 과정이 에노키안 매직이다.

에노키안 기초이론

 에노키안 매직의 실제 수행법에 들어가기 전에 에노키안 매직에서 사용하는 이론체계에 대해 살펴보고 지나가자. 이는 에노키안 매직의 지식적인 부분이며, 실제 에노키안 매직의 실천에 적용되는 부분이 있으므로 알아둘 필요가 있다.

에노키안의 세계관

 에노키안의 세계관은 중세의 영지주의Gnosticism를 배경으로 하고 있다. 영지주의를 간략히 설명하자면 신성을 가로막고 있는 겹겹이 둘러싸인 장막을 걷어내어 본래의 신성을 회복하는 것을 말한다. 에노키안 역시 이를 기반으로 한 세계관을 가지고 있으며, 이는 에노키안의 7층차 우주 구조와 30에이터의 세계관에서 볼 수 있다.

| 에노키안 7층 차 우주론

　에노키안에서는 우리의 우주를 총 7층의 겹으로 이루어진 세계로 바라보고 있다. 가장 높은 곳에는 신성Divinity이 자리하고 있으며, 가장 낮은 곳에는 우리가 살고 있는 물질계Physical Plane가 자리하고 있다. 그리고 이 신성과 물질 사이에 비물질적 질료인 5대 원소(영성, 불, 공기, 물, 대지)가 각각의 층을 점유하고 있다. 그러므로 5대 원소와 영성, 물질을 더하여 총 7층의 겹으로 우주가 만들어져 있는 것이다.

　각 층은 심연Abyss 혹은 건널 수 없는 링Ring Pass-not이 가로막고 있으며, 에노키안의 수행이란 최종적으로 이 모든 심연을 건너 본래의 신성을 회복하는 것에 있다.

　물질계에 가장 가까운 층을 에텔계Etheric Plane라고 한다. 에텔계는 대지의 원소에 속하며 우리의 생명력으로 드러난다. 이 층은 물질에 가장 가까운 차원으로, 형태를 지닌 것을 만들어내는 힘이 여기에 속하게 된다.

　에텔계 위에는 아스트랄계Astral Plane가 있으며, 물의 원소에 해당한다. 아스트랄계는 우리의 감정으로 드러나며 이미지와 느낌이 이에 속하게 된다.

　아스트랄계 위에는 하부 멘탈계Lower-Mental Plane가 있으며, 공기의 원소에 해당한다. 하부 멘탈계는 이성과 개념, 생각으로 드러나며 논리와 지성을 나타낸다.

　하부 멘탈계 위에는 상부 멘탈계Upper-Mental Plane 혹은 코잘계Causal Plane가 있으며, 불의 원소에 해당한다. 이곳에서는 모든 인과의 가장 최초에 존재하는 인과의 힘이 존재하며 모든 인과를 나타낸다.

상부 멘탈계 위에는 영성계Spiritual Plane가 있으며, 영성의 원소에 해당한다. 이곳은 모든 것이 태어나기 이전의 궁극적 근원을 나타낸다.

그리고 이 영성계를 넘어선 곳에 신성Divinity이 위치하고 있으며, 에노키안 매직이란 물질계에서 이 영성계까지의 여정에 다름없다.

이 구조를 정리해보면 다음과 같다.

차원	원소	특성
신성		
	심연	
영성	영성	궁극적 근원
대 외심연 Great Outer Abyss		
상부 멘탈계	불	인과
멘탈계	공기	지성
아스트랄계	물	이미지, 느낌
에텔계	대지	생명력
심연		
물질계	물질	

| 에노키안의 원소론

　에노키안의 특징적인 부분은 이 원소의 개념을 한층 더 발전시켰다는 점에 있다. 에노키안에서는 이러한 각 원소가 다시 세부적으로 분화되어 이중의 원소 개념을 가지고 있다. 예를 들면, 물의 원소 중에서도 온전히 물의 원소를 가지고 있는가 하면 물의 성격이 지배적이지만 그 중에서 공기 원소의 성질도 지니고 있는 것과 같다. 마치, 동양의 음양 중에서 음중양(陰中陽), 양중음(陽中陰)이 있는 것처럼, 하나의 원소 속에 다른 원소의 속성이 함께 하는 것이다. 이것을 원소의 하위 원소라고 한다.

　그러므로 다섯 원소에 다시 다섯 원소가 속하게 되는 것으로 총 25종의 원소가 존재하게 된다. 이를 앞으로 「(원소 1) 중 (원소 2)」로 표시하기로 하며, 앞의 원소가 주된 원소이며 뒤에 표시된 원소가 종된 원소로 이해하면 된다. 예를 들어, 「불 중 공기 Air of Fire」라고 표기한 경우, 불의 원소가 주된 원소이며 불의 원소 중 공기 원소의 속성을 지니는 원소로 이해하면 된다.

　이러한 원소의 중첩 개념은 각 차원에도 동일하게 적용되며, 에텔계~영성계는 각각 다섯 차원으로 다시 분화되어 총 27층의 차원구조를 가지고 있는 것이 에노키안의 세계관이다. 이를 포함하여 다시 앞의 도식에 더하면 다음과 같다.

차원	원소	특성	하부 원소
신성			
심연			
영성	영성	궁극적 근원	영성 중 영성
			영성 중 불
			영성 중 공기
			영성 중 물
			영성 중 대지
대 외심연 Great Outer Abyss			
상부 멘탈계	불	인과	불 중 영성
			불 중 불
			불 중 공기
			불 중 물
			불 중 대지
하부 멘탈계	공기	지성	공기 중 영성
			공기 중 불
			공기 중 공기
			공기 중 물
			공기 중 대지
아스트랄계	물	이미지, 느낌	물 중 영성
			물 중 불
			물 중 공기
			물 중 물
			물 중 대지
에텔계	대지	생명력	대지 중 영성
			대지 중 불
			대지 중 공기
			대지 중 물
			대지 중 대지
심연			
물질계	물질		

| 에노키안의 30에이터 Aethyr

이렇게 각 원소로 나누어진 차원에 더하여 신성과 물질의 사이에는 30영역으로 나누어진 영적 세계가 존재한다. 이 세계는 에노키안 매직의 스피릿 비전을 통해 아스트랄 프로젝션으로 탐사하는 세계로, 각 차원의 세계를 직접 접하고 체험하는 것을 통해 마법사의 영성을 정화하고 변성시키게 된다. 여기에서는 이 30에이터에 대해 다루지는 않지만, 에노키안 매직에 있어서는 매우 중요한 개념 중 하나이므로 소개해 둔다.

이 30에이터를 포함하여 에노키안의 세계관을 도식화하면 다음과 같이 된다.

차원	원소	특성	하부 원소	에이터의 명칭
신성					
심연					
영성	영성	궁극적 근원	영성 중 영성	LIL
				ARN
			영성 중 불	ZOM
				PAZ
			영성 중 공기	LIT
				MAZ
			영성 중 물	DEO
				ZID
			영성 중 대지	ZIP
대 외심연 Great Outer Abyss					ZAX

상부 멘탈계	불	인과	불 중 영성	IKH
			불 중 불	LOE
				ZIM
			불 중 공기	VTA
			불 중 물	OXO
			불 중 대지	LEA
하부 멘탈계	공기	지성	공기 중 영성	TAN
				ZEN
			공기 중 불	POP
			공기 중 공기	KHR
				ASP
			공기 중 물	LIN
			공기 중 대지	TOR
아스트랄계	물	이미지, 느낌	물 중 영성	NIA
			물 중 불	VTI
			물 중 공기	DES
			물 중 물	ZAA
			물 중 대지	BAG
에텔계	대지	생명력	대지 중 영성	RII
			대지 중 불	
			대지 중 공기	
			대지 중 물	TEX
			대지 중 대지	
		심연		
물질계	물질			

에노키안 타블렛

에노키안 타블렛은 에노키안에 존재하는 모든 존재의 이름을 담은 만다라와 같은 것이다. 모든 에노키안 매직은 이 타블렛에서 그 이름을 발견하여 사용하는 것이며 에노키안의 기본적인 방법론이다. 그러므로 에노키안 타블렛을 보고 읽을 수 있는 것이 에노키안 매직을 행하는 마법사의 기초 소양이 된다. 에노키안 타블렛에서 존재의 이름을 찾는 것은 다음에 자세히 설명하도록 하고, 여기에서는 에노키안 타블렛의 기본적인 구조에 대해 설명하도록 하자.

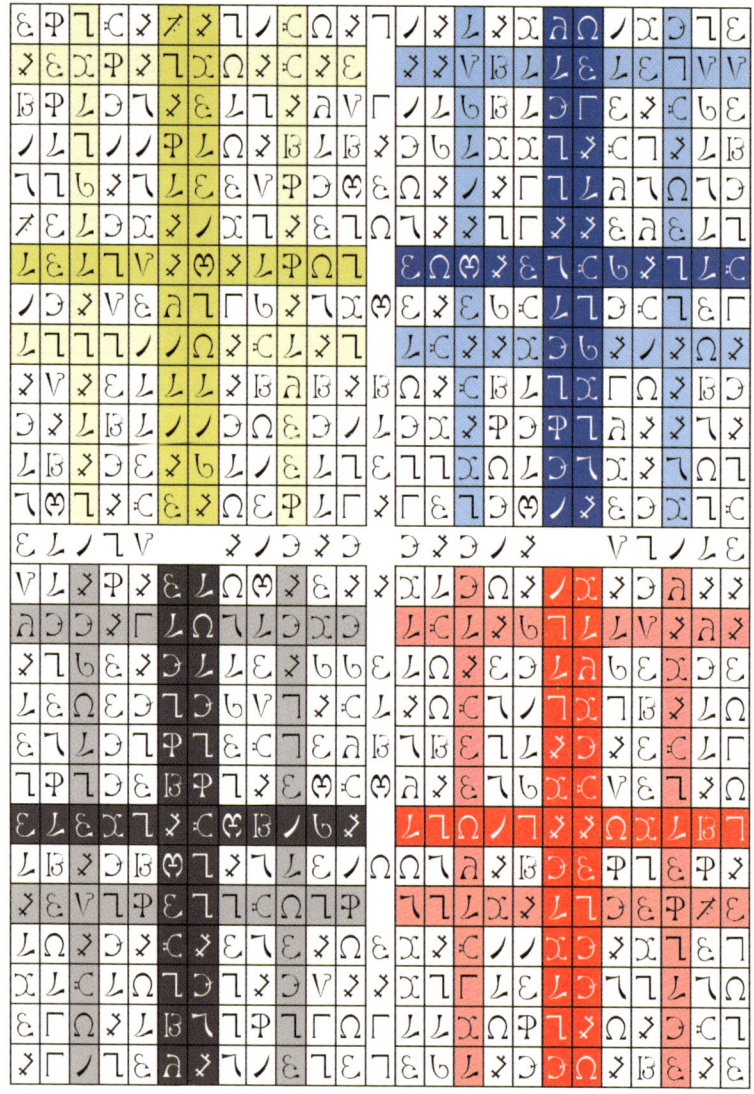

[그림 1-1] 에노키안 타블렛

에노키안 타블렛은 중앙의 대십자와 대십자가 가르는 네 사분면으로 이루어져 있다. 중앙의 대십자는 영성의 원소를 나타내며, 각 사분면은 주 원소로서의 4대 원소를 나타낸다. 좌측 하단의 1사분면부터 시계방향으로 돌아가면서 1사분면은 대지의 원소, 2사분면은 공기의 원소, 3사분면은 물의 원소, 4사분면은 불의 원소를 나타낸다.

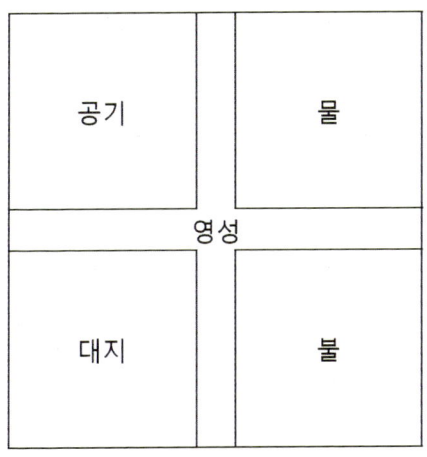

[그림 1-2] 에노키안 타블렛의 사분면 원소 배치

각각의 사분면은 가로 12개, 세로 13개의 총 156개의 사각형으로 구성되어 있다. 이 각각의 사분면을 다시 전과 같이 네 사분면으로 나누어서 종된 원소인 하위 사분면 Sub-Quadrant 를 구성한다. 이를 통해서 원소의 이중구조를 타블렛에 표현하게 된다. 각 원소의 배치는 전과 같다.

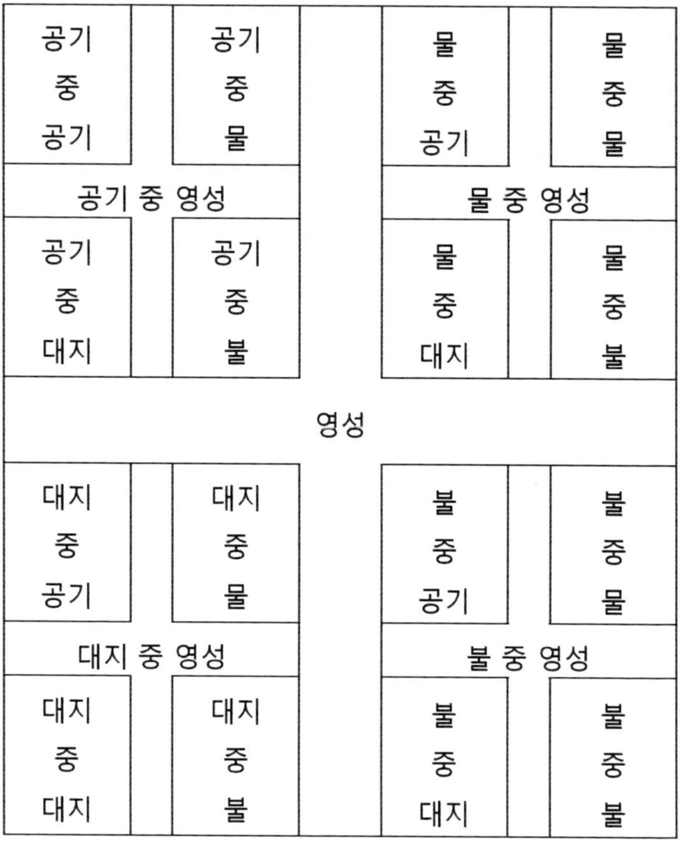

공기 중 공기	공기 중 물		물 중 공기	물 중 물
공기 중 영성			물 중 영성	
공기 중 대지	공기 중 불		물 중 대지	물 중 불

영성

대지 중 공기	대지 중 물		불 중 공기	불 중 물
대지 중 영성			불 중 영성	
대지 중 대지	대지 중 불		불 중 대지	불 중 불

[그림 1-3] 에노키안 타블렛의 하위 사분면 원소 배치

에노키안 문자를 읽는 법

에노키안 문자는 읽는 쪽의 편의를 위해 알파벳으로 되어있지만, 본래는 에노키안 문자 Enochian Alphabet 로 되어 있다.

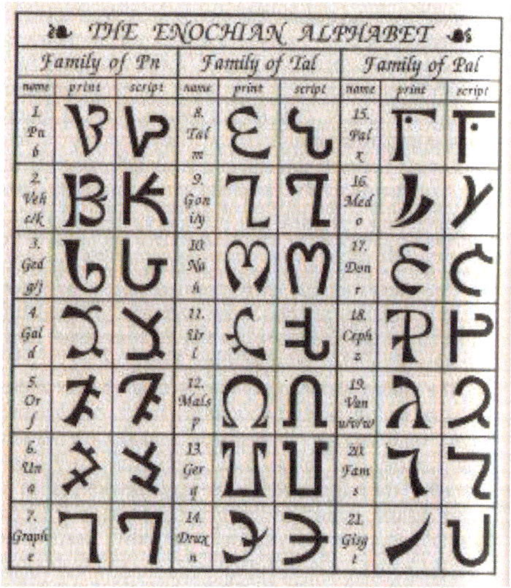

[그림 1-4] 존 디의 저널에 적혀있던 에노키안 문자

그러므로 이 문자는 기존의 알파벳과 같은 방식으로 읽는 것이 아니라 에노키안 문자의 읽는 방식대로 읽어야 한다. 우선 에노키안 문자의 알파벳 대응은 다음과 같다.

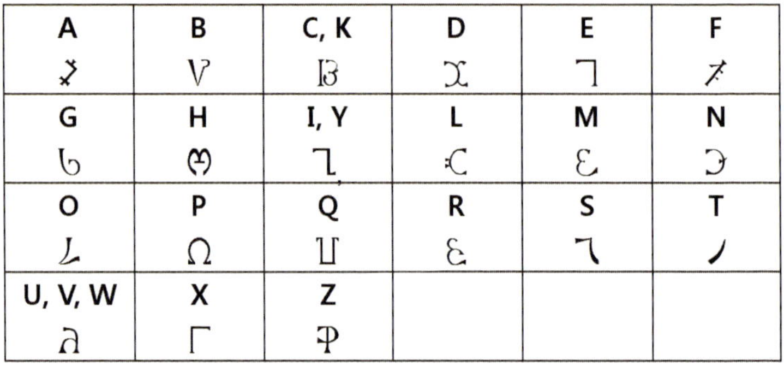

A	B	C, K	D	E	F
ꙮ	V	ß	ꓱ	ㄱ	⚹
G	**H**	**I, Y**	**L**	**M**	**N**
Ƅ	ⓜ	ገ	⊂	ꓱ	Ɔ
O	**P**	**Q**	**R**	**S**	**T**
⌐	Ω	Ⅱ	ꓱ	ꓶ	ノ
U, V, W	**X**	**Z**			
ᕕ	⌐	⊕			

[그림 1–5] 에노키안 문자의 영문 알파벳 대응

이 에노키안 문자의 발음은 다음과 같은 원칙을 따른다.

원칙 1) 앞에 모음이 오지 않는 자음(B, C, K, D, F, G, H, L, M, N, P, Q, T, X)에는 앞에 「에 eh」를 붙인다.

원칙 2) 뒤에 모음이 오지 않는 자음(B, C, K, D, F, G, H, L, M, N, P, Q, T, X)에는 뒤에 「에 eh」를 붙인다.

원칙 3) 모음(A, E, I, O, U)의 뒤에는 「흐 h」를 붙인다.

원칙 4) Z는 「조드 Zod」라고 발음한다.

원칙 5) S는 「에스 Ess」 혹은 「세흐 Seh」로 발음한다.

원칙 6) R은 「레흐 Reh」, 「라흐 Rah」 혹은 「아르 Ar」로 발음한다

예를 들면, 타블렛 오브 유니언의 영성의 공기에 해당하는 이름인 **EXARP**의 경우 「엑ㅅ-아르-페-ㅎ(**ex-ar-peh**)」로 발음하며, 대지 원소의 왕에 해당하는 이름인 **ICZHIHAL**의 경우는 「이-케-조드-히-

할 (Ee-Keh-Zod-Hee-Hal)」로 발음한다. 모든 경우에 해당하는 것은 아니지만 따로 발음이 나오지 않은 에노키안 명칭에는 이 원칙을 적용시키면 될 것이다.

에노키안 발성법

에노키안 언어는 마법적인 언어이기 때문에 일반적인 말을 하는 것과 같이 해서는 안 된다. 항상 마법적인 환경이 구축된 상황에서 진지하게 발성을 하는 것이 중요하다. 왜냐하면 이는 비밀스러운 힘을 감추고 있는 언어이며, 이 이름을 발성하는 것만으로도 우주에 내재된 힘이 일깨워질 수 있기 때문이다.

에노키안 언어를 발성할 때에는 각 명칭을 한 호흡에 발성해야 하며, 발성을 하는 도중 그 발성의 소리가 우주 끝까지 울려 퍼지는 것을 상상하며 발성해야 한다. 이를 통해 우주의 모든 차원, 모든 곳에 이 소리가 퍼져 일깨워지는 것이다.

PART I 에노키안 수행

| 신참자 Neophyte

이 단계에서는 에노키안 마법의 전체적인 준비와 함께 이니시에이션을 행하는 단계이다. 실제 천사 소환의 수행을 행하지는 않지만 수행에 필요한 의식(儀式)을 배우는 단계이기도 하다. 그러므로 이 단계에서 배우는 것이 모든 수행에 가장 기본이 되며 가장 많은 내용을 배우는 단계이기도 하다. 이 단계에서 배워야 하는 것들은 다음과 같다.

1) 에노키안 셀프 이니시에이션
2) 에노키안 타블렛에서 천사의 이름을 찾아 인장을 만드는 법
3) 에노키안 오망성Pentagram 의식과 육망성Hexagram 의식

에노키안 매직 수행법의 전체 과정

에노키안의 수행은 크게 방법적으로는 매직과 요가로 나눌 수 있으며, 기법적으로는 인보케이션과 스피릿 비전으로 나눌 수 있다. 에노키안 매직은 서양 의식마법의 전통을 따라 에노키안 매직을 행하는 것으로, 여러 가지 마법 도구와 의식의 행위를 통해 에노키안의 에너지를 마법사의 심령중추에 적용시키는 방법을 말하며, 에노키안 요가는 마법사 스스로의 생명 에너지를 높이는 것을 통해 마법도구와 마법의식 없이 에노키안의 에너지를 자신에게 받아들이는 방법을 말한다.

각각의 테크닉은 각자의 장점과 단점이 있다. 에노키안 매직은 마

법도구를 사용하기 때문에 준비가 필요하다는 단점이 있지만, 도구와 절차만 준비된다면 정해진 대로 행하는 것으로 충분히 에노키안 마법을 행할 수 있다. 하지만, 에노키안 요가는 마법도구를 사용하지 않고 마법사의 몸과 마법사의 생명 에너지를 사용하여 에노키안을 사용하기 때문에 준비기간이 필요하다는 단점이 있지만, 성취만 가능하다면 매우 강력하게 에노키안을 활용할 수 있다는 장점이 있다.

에노키안의 인보케이션은 에노키안 타블렛에 놓여있는 여러 영적 존재들의 이름을 찾아내어 소환하는 것을 뜻한다. 여기에는 각 원소의 에너지를 담당하는 영적 존재들을 소환하여 그들의 에너지를 마법사의 심령중추에 적용시키는 것으로 마법사가 그 존재들의 힘을 사용할 수 있게 해 준다. 이는 마법사가 준비한 공간에 영적 존재 혹은 영적 영향력이 오도록 하는 방법이다.

인보케이션과는 달리 에노키안 스피릿 비전은 마법사 스스로가 아스트랄 프로젝션을 통해 스스로의 아스트랄체를 일으켜 30에이터라고 하는 에노키안의 영적 세상을 탐사하는 방법을 말한다. 이 방법은 마법사가 직접 에노키안의 세계로 향해 가는 것으로 매우 큰 영적인 정화와 변화를 이룰 수 있다.

인보케이션은 와치타워의 세계를 사용하며 스피릿 비전은 에이터의 체계를 사용한다. 와치타워의 체계는 4방위로 대표되는 공간의 체계이며 에이터의 체계는 시간의 체계이다. 여기에서는 와치타워의 인보케이션 체계를 에노키안 매직 수행의 기준으로 삼아 진행할 것이며, 그 단계를 나누기 위해 편의상 서양 마법결사인 황금여명단 The Golden Dawn의 위계체계를 빌려 그 수행과정을 나누었다. 그 수행과정을 정리하면 다음과 같다.

수행 단계	수행 단계의 이름	대응 원소	수행 내용
4단계 수행	철학자 Philosophus	불	원소 하위 사분면의 케루빔 대천사 소환 (인보케이션)
3단계 수행	실천자 Practicus	물	캘버리 크로스의 대천사 소환(인보케이션)
2단계 수행	이론자 Theoricus	공기	시니어 소환(인보케이션)
1단계 수행	열심자 Zelator	대지	4대 원소의 왕 소환(인보케이션)
0단계 수행	신참자 Neophyte		에노키안 셀프 이니시에이션 에노키안 타블렛에서 신성한 명칭 찾기 에노키안 오망성 의식, 육망성 의식

※5단계 이상의 수행은 《에노키안 트레이닝(박한진 저)》을 참고

에노키안 셀프 이니시에이션

에노키안 셀프 이니시에이션은 에노키안의 상징체계를 자기 자신의 오라에 새겨넣는 작업이다. 이니시에이션을 하지 않는다고 해서 에노키안 수행을 하지 못하는 것은 아니지만, 에노키안 매직 수행을 하는 과정에서 올바른 에너지에 접속할 수 있도록 해 준다.

에노키안 셀프 이니시에이션을 위해서는 [그림 2-1]의 이미지를 복사하여 그 중심에 티 라이트를 켠다. 이 그림은 *Sigillum Dei Aemeth*라는 상징으로 에노키안의 존재들과 체계 등을 표현한 도식이다. 만약 이 그림을 복사할 수 없다면 위의 이름으로 구글에서 검색하면 동일한 이미지를 구할 수 있으므로 그 이미지를 출력해도 된다.

앞으로도 에노키안 셀프 이니시에이션 수행은 모든 수행에 있어서 행하게 될 것이므로 그 과정을 확실하게 자신의 것으로 해 두는 것이 좋다.

에노키안 셀프 이니시에이션 수행

1. **Sigillum Dei Aemeth**의 중앙에 티 라이트(혹은 작은 초)를 두고 불을 붙인다.
2. 촛불을 보면서 머릿속에 떠오르는 잡념을 촛불에 던져 넣어 촛불이 태워버리도록 한다.
3. 머릿속이 맑아졌으면 양손을 마주 보게 하여 투명한 공을 든 것처럼 하고, 그 사이에 촛불을 두고서 손에 느껴지는 촛불의 온기를 느껴본다.(너무 가까이하지 않도록 한다.)
4. 양손에 촛불의 온기가 느껴지면 그 상태로 천천히 팔을 들어올려 촛불 없이도 손에 느껴지는 온기를 상상한다.
5. 눈을 감고 손바닥에 느껴지는 온기를 기초로 해서 양손에 따스한 에너지의 공이 있다고 상상해본다.
6. 에너지의 공이 강하게 느껴지면 그 공이 점점 커져서 온 몸을 감쌀 정도로 커지는 것을 상상해본다.
7. 온몸을 감싸는 에너지의 공에 집중하면서 에너지의 공을 유지시킨다.
8. 머리 위 아주 높은 곳에 있는 우주의 중심에서 빛나는 빛이 내려오는 것을 상상한다.

9. 우주의 중심에서 내려온 신성한 빛이 에너지의 공에 닿아 에너지의 공이 신성한 에너지로 가득 차는 것을 상상한다.
10. 공 안에 신성한 빛의 에너지가 가득 차게 되면 에너지의 공을 가슴 한복판에 주먹만 하게 될 때까지 압축한다.
11. 에너지의 공이 압축되면 압축될수록 빛은 점점 더 강하게 빛난다.
12. 공이 주먹만 하게 되면 그 위에 양손을 포개고 그 빛이 심장으로 흡수되는 것을 상상한다.
13. 충분히 빛의 구체를 심장에 흡수한 뒤에는 눈을 뜨고 정신을 되돌린 뒤 촛불을 끈다.

[그림 2-1] Sigillum Dei Aemeth

에노키안 타블렛에서 신성한 명칭 찾기

에노키안 타블렛은 존 디 박사가 에드워드 켈리와의 작업을 통해 발견한 에노키안 체계의 지도이다. 이 지도에는 모든 신성한 존재들의 이름이 담겨져 있으며, 그 이름을 찾아내어 부르는 것으로 그 존재를 소환할 수 있게 된다. 그러므로 에노키안 타블렛을 공부하는 것은 에노키안 시스템에 있어서 가장 처음에 행하는 것이며 모든 것이라고 할 수 있을 정도로 중요하다. 이 에노키안 타블렛에서 찾아야 하는 것은 다음과 같다.

1. 타블렛 오브 유니언 Tablet of Union 의 신성한 명칭들
2. 각 원소의 위대한 감추어진 신성한 명칭 Holy Name 과 4대 원소의 왕 King 의 이름
3. 타블렛에 숨겨져 있는 각 원소의 신성한 존재들의 이름
   - 시니어 Senior
   - 캘버리 크로스의 천사들 The Angels of the Calvary Cross
   - 원소 하위 사분면의 케루빔 대천사 Archangel Kerubim Sub-Quadrant
   - 케루빅 천사 The Kerubic Angels
   - 종천사 Servient Angels

각 존재들의 이름과 의미와 담당하는 원소 속성, 의미 등은 다음과 같다.

타블렛 오브 유니언 Tablet of Union

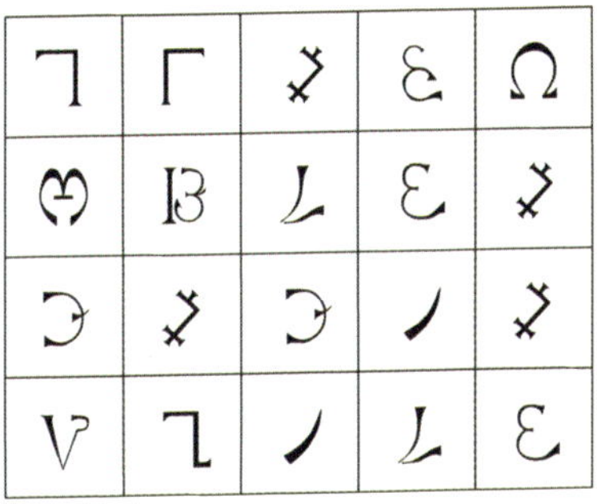

E	X	A	R	P
H	C	O	M	A
N	A	N	T	A
B	I	T	O	M

[그림 2-2] 타블렛 오브 유니언 에노키안 표기(좌), 영문 표기(우)

명칭	원소 속성
EXARP	영성 중 공기 Air of Spirit
HCOMA	영성 중 물 Water of Spirit
NANTA	영성 중 대지 Earth of Spirit
BITOM	영성 중 불 Fire of Spirit
ENHB	영성 중 영성 Spirit of Spirit
XCAI	영성 중 공기 Air of Spirit
AONT	영성 중 물 Water of Spirit
RMTO	영성 중 대지 Earth of Spirit
PAAM	영성 중 불 Fire of Spirit

감추어진 신성한 명칭 Secret Holy Names

명칭	의미	원소 속성
ORO IBAH AOZPI	황량하고 적막한 곳에서 크게 소리 내어 우는 자	공기
MPH ARSL GAIOL	첫 번째 진실된 창조자인 뿔을 가진 자	물
MOR DIAL HCTGA	그 누구도 동등함 없이 부정함을 불태우는 자	대지
OIP TEAA PDOCE	그가 존재한 이후로 이름이 바뀐 적 없는 자	불

4대 원소의 위대한 왕 The Great Kings

명칭	의미	원소 속성
BATAIVAH	그 목소리에 날개달린 듯 보이는 자	공기
RAAGIOSL	그 손이 동방을 향하는 자	물
ICZHIHAL	과거를 단단하게 만드는 자	대지
EDLPRNAA	불꽃을 처음으로 받는 자	불

시니어 The Senior

명칭	의미	원소 속성	행성
HABIORO	그 목소리가 낮은 자	공기	화성
AAOZAIF	길을 자주 다니는 자	공기	목성
AHAOZPI	그의 장소에 있는 자	공기	금성
AVTOTAR	듣는 자	공기	수성

명칭	의미		
HTMORDA	아들이 있는 자	공기	달
HIPOTGA	그 무엇과도 같지 않은 자	공기	토성
LAOAXRP	최초로 거만한 자	물	달
SONIZNT	물을 아끼는 자	물	수성
LSRAHPM	살해하는 자	물	화성
SLGAIOL	영혼을 만드는 자	물	금성
LIGDISA	머리가 없는 자	물	토성
SAIINOV	사원이 있는 자	물	목성
LAIDROM	진실의 비밀을 아는 자	대지	화성
ALHCTGA	가장 영혼과 닮은 자	대지	금성
AHMLICV	가장 오래된 자	대지	목성
ACZINOR	어두운 물에서 온 자	대지	목성
LIIANSA	진실의 첫 번째에 있는 자	대지	토성
LZINOPO	깊은 물에서 첫 번째인 자	대지	달
ALNDVOD	지금 여기에서 섬기는 자	불	달
AAPDOCE	그 이름이 언제나 같은 자	불	금성
ARINNAP	검으로 보호하는 자	불	토성
AAETPIO	그의 장소를 찾는 자	불	화성
ADOEOET	새처럼 노래하는 자	불	목성
ANODOIN	다른 이에게 열려있는 자	불	수성

캘버리 크로스의 천사들 Tha Calvary Cross Angels

명칭	의미	원소 속성
IDOIGO	성스런 권좌에 앉는 자	공기 중 공기 Air of Air
ARDZA	보호하는 자	공기 중 공기 Air of Air

LLACZA	최초로 촉진하는 자	공기 중 물 Water of Air
PALAM	길 위에 있는 자	공기 중 물 Water of Air
AIAOAI	그대와 함께, 그대 안에 있는 자	공기 중 대지 Earth of Air
OIIIT	존재하며 존재하지 않는 자	공기 중 대지 Earth of Air
AOVRRZ	아름답게 하는 자	공기 중 불 Fire of Air
ALOAI	승계받은 자	공기 중 불 Fire of Air
OBGOTA	화환과 같은 자	물 중 공기 Air of Water
AABCO	구부러지는 자	물 중 공기 Air of Water
NELAPR	자신만의 길을 가는 자	물 중 물 Water of Water
OMEBB	아는 자	물 중 물 Water of Water
MALADI	화살을 쏘는 자	물 중 대지 Earth of Water
OLAAD	새를 창조한 자	물 중 대지 Earth of Water
IAAASD	진실한 자	물 중 불 Fire of Water
ATAPA	유사함을 품은 자	물 중 불 Fire of Water
ANGPOI	생각을 나누는 자	대지 중 공기 Air of Earth
VNNAX	그 위대한 이름이 모두인 자	대지 중 공기 Air of Earth
ANAEEM	아홉 번 복종한 자	대지 중 물 Water of Earth
SONDN	왕국을 가진 자	대지 중 물 Water of Earth
ABALPT	허리를 굽힌 자	대지 중 대지 Earth of Earth
ARBIZ	그의 목소리가 보호하는 자	대지 중 대지 Earth of Earth
OPMNIR	지식을 늘리는 자	대지 중 불 Fire of Earth
ILPIZ	에이터에 그의 자리가 있는 자	대지 중 불 Fire of Earth
NOALMR	고난을 최초로 가져오는 자	불 중 공기 Air of Fire
OLOAG	무를 만드는 자	불 중 공기 Air of Fire
VADALI	감추어진 진실을 지닌 자	불 중 물 Water of Fire
OBAUA	진실의 절반을 가진 자	불 중 물 Water of Fire
UOLXDO	멸절이라는 이름을 가진 자	불 중 대지 Earth of Fire

SIODA	영원인 자	불 중 대지 Earth of Fire
RZIONR	태양의 물 안에 있는 자	불 중 불 Fire of Fire
NRZFM	이곳에 여섯 번 방문한 자	불 중 불 Fire of Fire

원소 하위 사분면의 케루빔 대천사 Archangel Kerubom Sub-Quadrant

명칭	하는 일	원소 속성
ERZLA	RZLA, ZLAR, LARZ, ARZL을 관리	공기 중 공기
EYTPA	YTPA, TPAY, PAYT, AYTP를 관리	공기 중 물
HTNBR	TNBR, NBRT, BRTN, RTNB를 관리	공기 중 대지
HXGSD	XGSD, GSDX, SDXG, DXGS를 관리	공기 중 불
ETAAD	TAAD, AADT, ADTA, DTAA를 관리	물 중 공기
ETDIM	TDIM, DIMT, IMTD, MTDI를 관리	물 중 물
HMAGL	MAGL, AGLM, GLMA, LMAG를 관리	물 중 대지
HNLRX	NLRX, LRXN, RXNL, XNLR을 관리	물 중 불
ABOZA	BOZA, OZAB, ZABO, ABOZ를 관리	대지 중 공기
APHRA	PHRA, HRAP, RAPH, APHR을 관리	대지 중 물
POCNC	OCNC, CNCO, NCOC, COCN을 관리	대지 중 대지
PASMT	ASMT, SMTA, MTAS, TASM을 관리	대지 중 불
ADOPA	DOPA, OPAD, PADO, ADOP를 관리	불 중 공기
AANAA	ANAA, NAAA, AAAN, AANA를 관리	불 중 물
PPSAC	PSAC, SACP, ACPS, CPSA를 관리	불 중 대지
PZIZA	ZIZA, IZAZ, ZAZI, AZIZ를 관리	불 중 불

케루빅 천사 The Kerubic Angels

모든 사람들의 비밀을 이해하는 데에 능숙하고 그에 능력이 있는 열여섯 선한 천사		
RZLA와 그 동료들	ZLAR, LARZ, ARZL	공기 중 공기
TAAD와 그 동료들	AADT, ADTA, DTAA	물 중 공기
BOZA와 그 동료들	OZAB, ZABO, ABOZ	대지 중 공기
DOPA와 그 동료들	OPAD, PADO, ADOP	불 중 공기

장소의 변화에 대한 능력이 있는 열여섯 선한 천사		
YTPA와 그 동료들	TPAY, PAYT, AYTP	공기 중 물
TDIM과 그 동료들	DIMP, IMTD, MTDI	물 중 물
PHRA와 그 동료들	HRAP, RAPH, APHR	대지 중 물
ANAA와 그 동료들	NAAA, AAAN, AANA	불 중 물

기계 공학에 능숙하고 그에 능력이 있는 열여섯 선한 천사		
TNBR와 그 동료들	NBRT, BRTN, RTNB	공기 중 대지
MAGL과 그 동료들	AGLM, GLMA, LMAG	물 중 대지
OCNC와 그 동료들	CNCO, NCOC, COCN	대지 중 대지
PSAC와 그 동료들	SACP, ACPS, CPSA	불 중 대지

자연물의 혼합에 능숙하고 그에 능력이 있는 열여섯 선한 천사		
XGSD와 그 동료들	GSDX, SDXG, DXGS	공기 중 불
NLRX와 그 동료들	LRXN, RXNL, XNLR	물 중 불
ASMT와 그 동료들	SMTA, MTAS, TASM	대지 중 불
ZIZA와 그 동료들	IZAZ, ZAZI, AZIZ	불 중 불

종천사 Servient Angels

4대 원소 각각의 생명체의 쓰임과 종류를 이해하는 예순넷 선한 천사			
CZNS와 그 동료들	ZNSC, NSCZ, SCZN	EX 천사	공기 중 공기
TOTT와 그 동료들	OTTT, TTTO, TTOT	LU 천사	공기 중 공기
SIAS와 그 동료들	IASS, ASSI, SSIA	HI 천사	공기 중 공기
FMND와 그 동료들	MNDF, NDFM, DFMN	SH 천사	공기 중 공기
TOCO와 그 동료들	OCOT, COTO, OTOC	EX 천사	물 중 공기
NHDD와 그 동료들	HDDN, DDNH, DNHD	LU 천사	물 중 공기
PAAX와 그 동료들	AAXP, AXPA, XPAA	HI 천사	물 중 공기
SAIX와 그 동료들	AIXS, IXSA, XSAI	SH 천사	물 중 공기
AIRA와 그 동료들	IRAA, RAAI, AAIR	EX 천사	대지 중 공기
ORMN과 그 동료들	RMNO, MNOR, NORM	LU 천사	대지 중 공기
RSNI와 그 동료들	SNIR, NIRS, IRSN	HI 천사	대지 중 공기
IZNR와 그 동료들	ZNRI, NRIZ, RIZN	SH 천사	대지 중 공기
OPMN과 그 동료들	PMNO, MNOP, NOPM	EX 천사	불 중 공기
APST와 그 동료들	PSTA, STAP, TAPS	LU 천사	불 중 공기
SCIO와 그 동료들	CIOS, IOSC, OSCI	HI 천사	불 중 공기
VASG와 그 동료들	ASGV, SGVA, GVAS	SH 천사	불 중 공기

병을 고치는 치료법과 약에 가장 능통하며 효과적인 예순넷 선한 천사			
OYVB와 그 동료들	YVBO, VBOY, BOYV	EX 천사	공기 중 물
PAOC와 그 동료들	AOCP, OCPA, CPAO	LU 천사	공기 중 물
RBNH와 그 동료들	BNHR, NHRB, HRBN	HI 천사	공기 중 물
DIRI와 그 동료들	IRID, RIDI, IDIR	SH 천사	공기 중 물
MAGM과 그 동료들	AGMM, GMMA, MMAG	EX 천사	물 중 물

LEOC와 그 동료들	EOCL, OCLE, CLEO	LU 천사	물 중 물
VSSN과 그 동료들	SSNV, SNVS, NVSS	HI 천사	물 중 물
RVOI와 그 동료들	VOIR, OIRV, IRVO	SH 천사	물 중 물
OMGG와 그 동료들	MGGO, GGOM, GOMG	EX 천사	대지 중 물
GBAL과 그 동료들	BALG, ALGB, LGBA	LU 천사	대지 중 물
RLMV와 그 동료들	LMVR, MVRL, VRLM	HI 천사	대지 중 물
IAHL과 그 동료들	AHLI, HLIA, LIAH	SH 천사	대지 중 물
GMNM과 그 동료들	MNMG, NMGM, MGMN	EX 천사	불 중 물
ECOP와 그 동료들	COPE, OPEC, PECO	LU 천사	불 중 물
AMOX와 그 동료들	MOXA, OXAM, XAMO	HI 천사	불 중 물
BRAP와 그 동료들	RAPB, APBR, PBRA	SH 천사	불 중 물

금속의 내재된 힘을 발견하고 모으고 사용하는 것 원석과 그 힘을 조합하는 것에 능통하며 그에 능력이 있는 예순넷 선한 천사			
ABMO와 그 동료들	BMOA, MOAB, OABM	EX 천사	공기 중 대지
NACO와 그 동료들	ACON, CONA, ONAC	LU 천사	공기 중 대지
OCNM과 그 동료들	CNMO, NMOC, MOCN	HI 천사	공기 중 대지
SHAL과 그 동료들	HALS, ALSH, LSHA	SH 천사	공기 중 대지
PACO와 그 동료들	ACOP, COPA, OPAC	EX 천사	물 중 대지
NDZN과 그 동료들	DZNN, ZNND, NNDZ	LU 천사	물 중 대지
IIPO와 그 동료들	IPOI, POII, OIIP	HI 천사	물 중 대지
XRNH와 그 동료들	RNHX, NHXR, HXRN	SH 천사	물 중 대지
OPNA와 그 동료들	PNAO, NAOP, AOPN	EX 천사	대지 중 대지
DOOP와 그 동료들	OOPD, OPDO, PDOO	LU 천사	대지 중 대지
RXAO와 그 동료들	XAOR, AORX, ORXA	HI 천사	대지 중 대지
AXIR과 그 동료들	XIRA, IRAX, RAXI	SH 천사	대지 중 대지

DATT와 그 동료들	ATTD, TTDA, TDAT	EX 천사	불 중 대지
DIOM과 그 동료들	IOMD, OMDI, MDIO	LU 천사	불 중 대지
OOPZ와 그 동료들	OPZO, PZOO, ZOOP	HI 천사	불 중 대지
RGAN과 그 동료들	GANR, ANRG, NRGA	SH 천사	불 중 대지

변화하는 것에 능통하며 힘을 가진 예순넷 선한 천사			
ACCA와 그 동료들	CCAA, CAAC, AACC	EX 천사	공기 중 불
NPNT와 그 동료들	PNTN, NTNP, TNPN	LU 천사	공기 중 불
OTOI와 그 동료들	TOIO, OIOT, IOTO	HI 천사	공기 중 불
PMOX와 그 동료들	MOXP, OXPM, XPMO	SH 천사	공기 중 불
XPCN과 그 동료들	PCNX, CNXP, NXPC	EX 천사	물 중 불
VASA와 그 동료들	ASAV, SAVA, AVAS	LU 천사	물 중 불
DAPI와 그 동료들	APID, PIDA, IDAP	HI 천사	물 중 불
RNIL과 그 동료들	NILR, ILRN, LRNI	SH 천사	물 중 불
MSAP와 그 동료들	SAPM, APMS, PMSA	EX 천사	대지 중 불
IABA와 그 동료들	ABAI, BAIA, AIAB	LU 천사	대지 중 불
IZXP와 그 동료들	ZXPI, XPIZ, PIZX	HI 천사	대지 중 불
STIM과 그 동료들	TIMS, IMST, MSTI	SH 천사	대지 중 불
ADRE와 그 동료들	DREA, READ, EADR	EX 천사	불 중 불
SISP와 그 동료들	ISPS, SPSI, PSIS	LU 천사	불 중 불
PALI와 그 동료들	ALIP, LIPA, IPAL	HI 천사	불 중 불
ACAR과 그 동료들	CARA, ARAC, RACA	SH 천사	불 중 불

※ EX천사: 우수한 천사, LU천사: 광휘의 천사, HI천사: 높은 천사, SH천사: 빛나는 천사

위의 표에 나열된 이름들을 타블렛에서 찾아내야 하는 것이 신참자 단계에서 할 일이다. 다행히 이 이름들은 무작위로 만들어진 것이 아니라 일련의 규칙이 있으므로 그 규칙에 따라서 이름을 찾으면 된다. 우선은 에노키안 타블렛의 전체 모습을 살펴보자.

타블렛 오브 유니언의 신성한 명칭

에메랄드 타블렛의 사분면을 중앙에서 가르는 십자의 경계선이 타블렛 오브 유니언의 신성한 명칭이 된다. 다른 부분을 지우고 타블렛 오브 유니언의 신성한 명칭만 보게 된다면 [그림 2 4]와 같다.

감추어진 신성한 명칭

이 신성한 명칭은 타블렛의 각 사분면에 위치하고 있다. 이 이름들은 해당 원소의 에너지를 상징하는 신성한 이름이다. 이 이름은 해당 사분면의 중앙을 좌우로 관통하고 있다. 여기에서는 공기의 사분면(제 2사분면)을 예로 들어 보겠다.([그림 2-5] 중앙의 굵은 선 상자 안)

4대 원소의 위대한 왕

4대 원소의 위대한 왕의 명칭은 각 사분면의 중심에 위치해 있다. 이 명칭은 중심을 향해 밖에서 소용돌이를 그리듯 그려지고 있다. 여기에서는 공기의 사분면을 예로 들어보겠다.([그림 2-6] 왼편부터 우 상단을 향해 그리기 시작하는 굵은 선)

시니어

시니어는 각 사분면에서 태양을 제외한 여섯 행성의 속성을 지니는 존재들이다. 이 시니어들은 해당 사분면의 중심에서 사방으로 뻗어나가는 식으로 명칭이 위치하고 있다. 각 방향에 따라 대응되는 행성이 달라진다. 왼쪽으로 뻗어가는 이름은 화성, 오른쪽으로 뻗어가는 이름은 금성, 위로 뻗어가는 이름 중 왼편에 있는 것은 목성, 위로 뻗어가는 이름 중 오른편에 있는 것은 달, 아래로 뻗어가는 이름 중 왼편에 있는 것은 수성, 아래로 뻗어가는 이름 중 오른편에 있는 것은 토성을 나타낸다. 여기에서는 공기의 사분면을 예로 들어보겠다.[그림 2-7]

캘버리 크로스의 천사들

캘버리 크로스의 천사들부터는 각 사분면을 다시 네 사분면으로 나누어서 원소 안의 원소를 표현하기 시작한다. 여기에서 원소의 배치는 에노키안 타블렛의 사분면 원소 배치와 같다. 캘버리 크로스의 천사들은 두 개의 이름을 한 쌍으로 하여 사용하며 타블렛 내에서는 십자가와 같은 형태로 이름이 배치되어 있다. 여기에서는 공기의 사분면을 예로 들어보겠다.[그림 2-8]

원소 하위 사분면의 케루빔 대천사

원소 하위 사분면의 케루빔 대천사는 캘버리 크로스의 천사의 이름이 배치된 십자가에서 가로선 위에 있는 네 문자를 왼쪽에서 오른쪽으로 읽은 것이 된다. 단, 그 이름의 앞에 타블렛 오브 유니언의 신성한 명칭에서 해당 원소를 의미하는 명칭의 첫 글자를 따와서 해당 천사의 이름 앞에 붙인다. 즉, 공기 중 공기의 사분면 케루빔 대천사는

RZLA가 되지만, 여기에서 공기의 신성한 명칭인 **EXARP**의 첫 글자인 **E**를 앞에 붙여서 **ERZLA**가 되는 것이다. 에메랄드 타블렛 전체를 놓고 보면 쉽게 이해할 수 있다.[그림 2-9]

케루빔 대천사는 아래 설명할 케루빅 대천사를 통솔하는 역할을 한다. 수행에서 필요한 천사의 소환은 이 단계까지이며, 이 아래의 천사들은 탈리스만에 사용하거나 주술적인 목적을 필요로 할 때에 소환하는 천사들이다.

케루빅 천사

케루빅 천사는 하위 사분면의 케루빔 대천사의 머리글자를 제외한 것이 케루빅 천사의 명칭이 된다. 케루빅 천사는 각 문자가 순서를 돌아가면서 네 존재의 명칭이 드러나게 되며, 이것이 한 하위 사분면에 존재하는 케루빅 천사 집단이다. 예를 들면, **RZLA**라는 케루빅 천사는 글자의 순서를 한 글자씩 밀어가면서 드러나는 이름의 천사들과 같은 그룹에 속한다. 그러므로 **ZLAR**, **LARZ**, **ARZL**이라는 이름을 가진 천사와 같은 그룹에 속한다.

케루빅 천사는 동일한 하위 원소 속성을 가진 네 그룹이 하나의 기능을 한다. 그러므로 특정 목적을 위해 천사의 이름을 사용할 때에는 네 그룹의 천사 이름을 모두 사용해야만 한다.

종천사

종천사는 캘버리 크로스의 가로선 아래에 놓인 천사들의 이름이다. 이들 역시 케루빅 천사와 마찬가지로 네 천사의 이름이 하나의 그룹으로 되어 있으며, 총 16개 그룹이 하나의 기능을 하게 된다. 이들은 각 그룹별로 별도의 속성이 있는데, 위에서 세 번째 줄에 표시된 하위 사분면의 천사들은 우수한 천사 Excellent Angel, 네 번째 줄에 표시된 하위 사분면의 천사들은 광휘의 천사 Luminous Angel, 다섯 번째 줄에 표시된 하위 사분면의 천사들은 상위 천사 High Angel, 여섯 번째 줄에 표시된 하위 사분면의 천사들은 빛나는 천사 Shining Angel 라고 한다. 여기에서는 공기의 하위 사분면을 예로 들어보겠다.[그림 2-10]

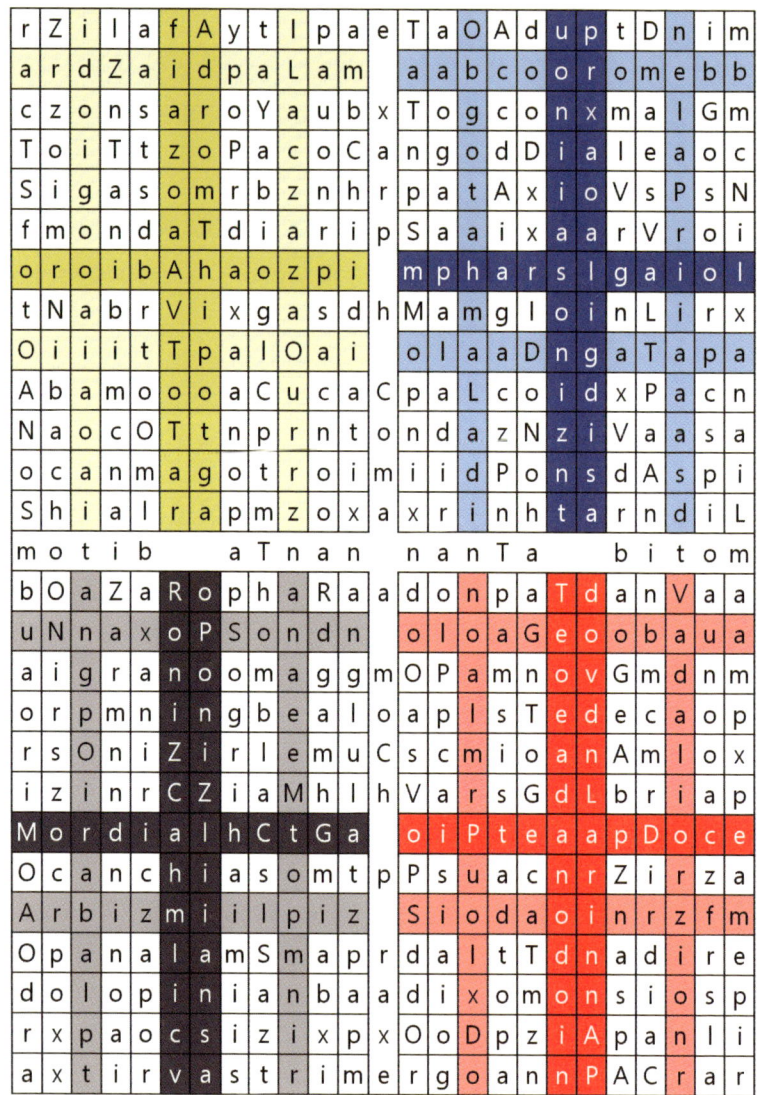

[그림 2-3] 에노키안 타블렛

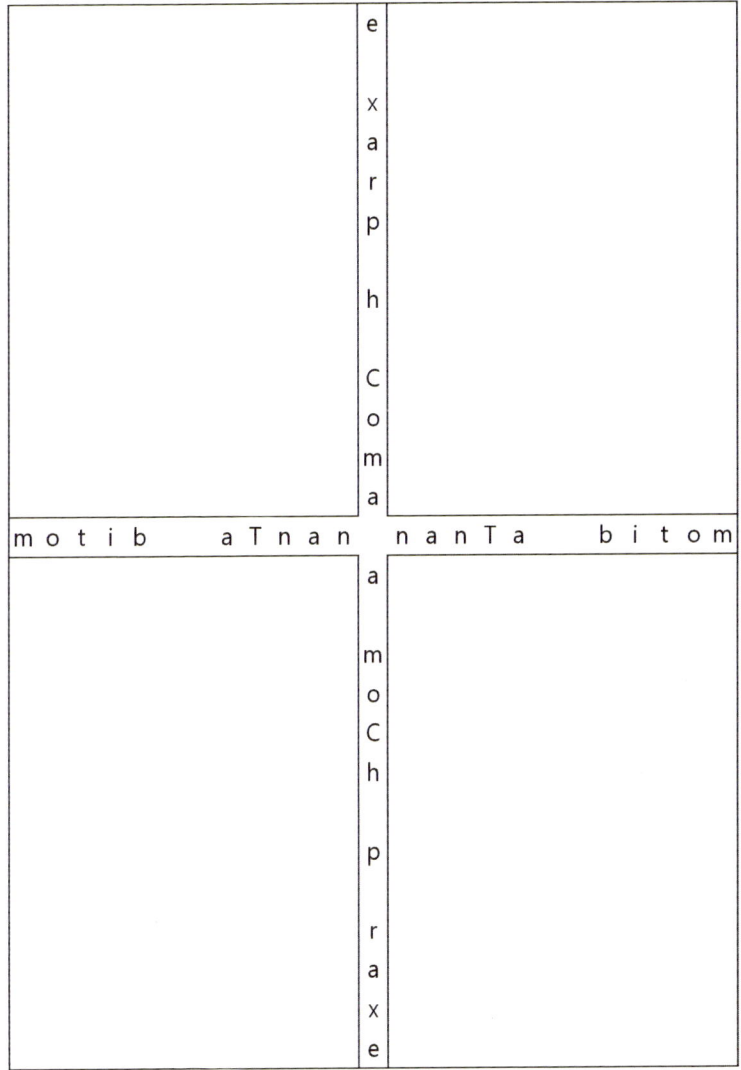

[그림 2-4] 타블렛 오브 유니언의 신성한 명칭

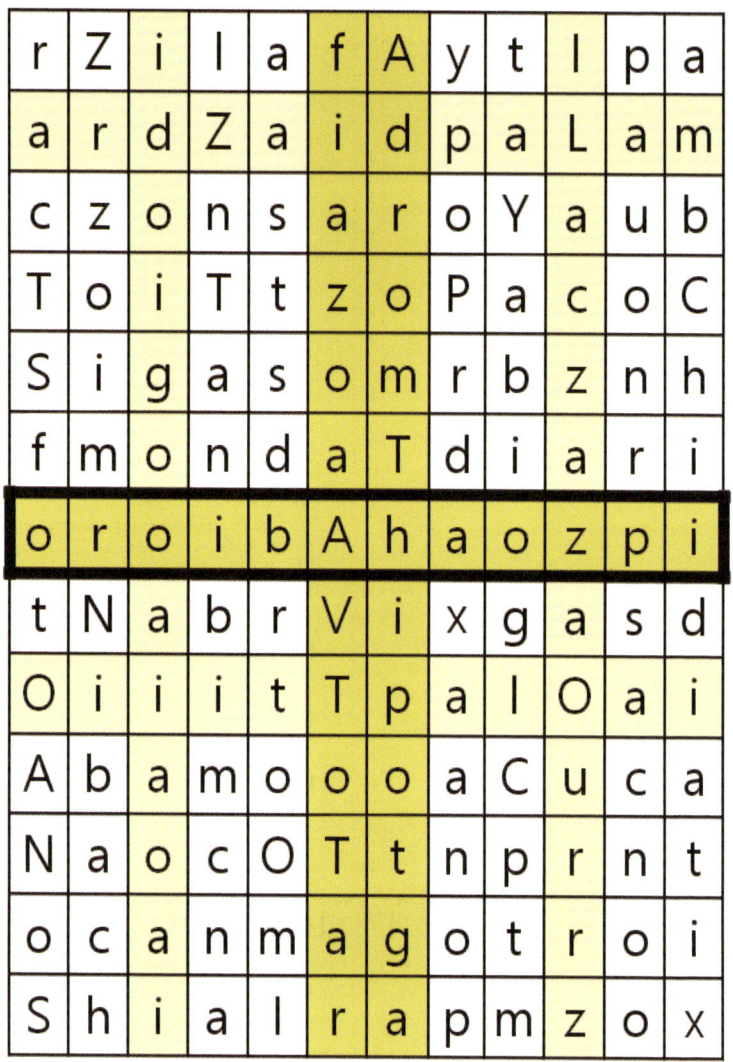

[그림 2-5] 공기 사분면의 감추어진 신성한 명칭

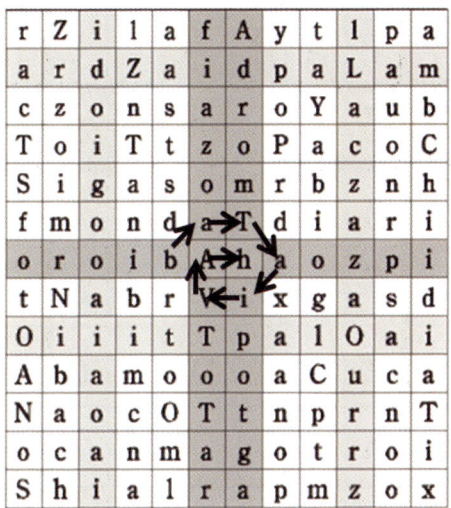

[그림 2-6] 공기 사분면의 위대한 공기 원소의 왕의 명칭

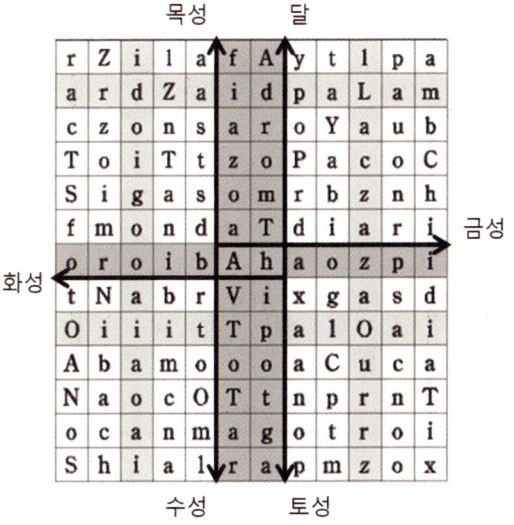

[그림 2-7] 공기의 시니어

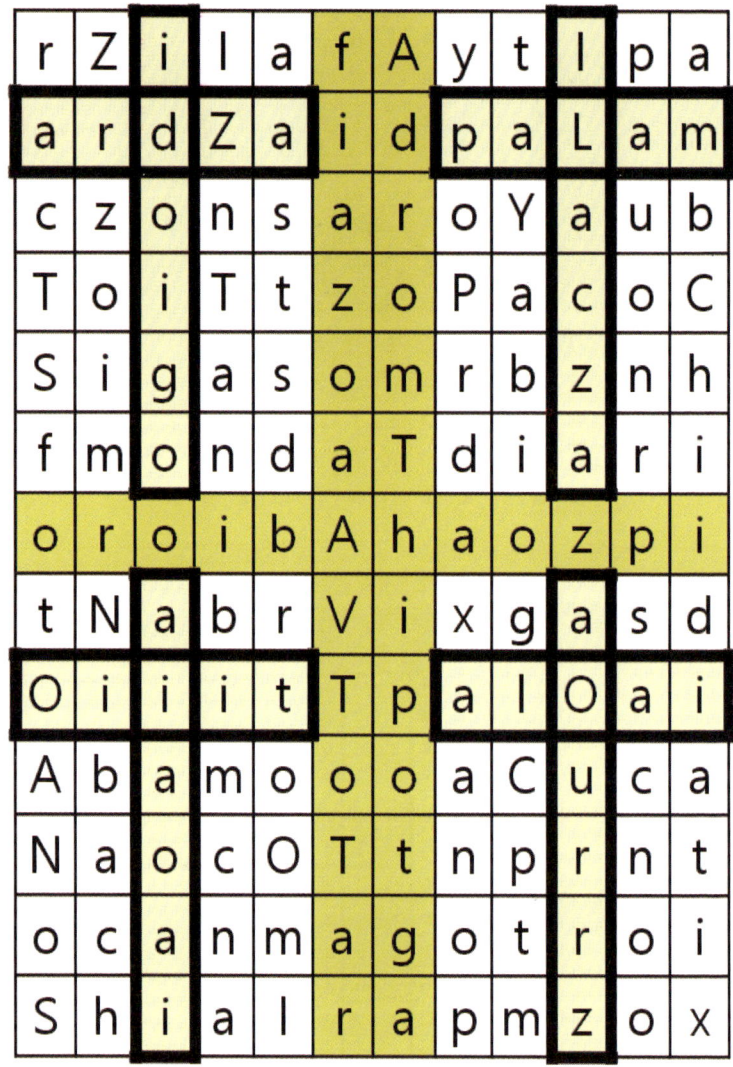

[그림 2-8] 공기의 캘버리 크로스의 천사들

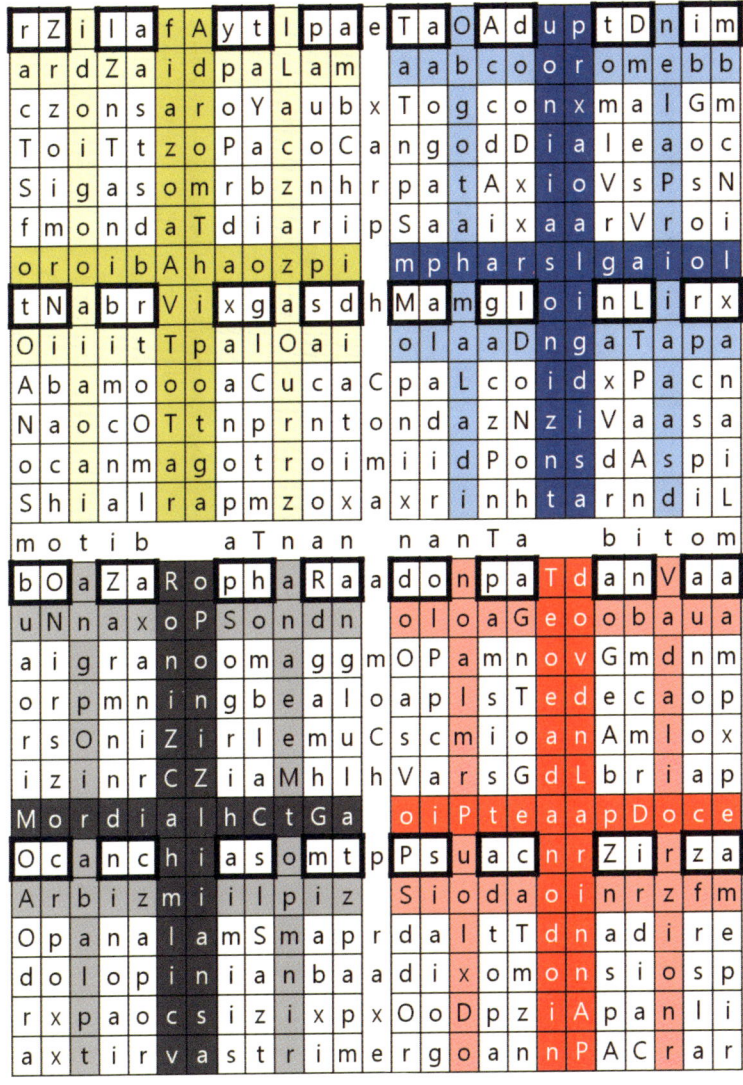

[그림 2-9] 하위 사분면의 케루빔 대천사

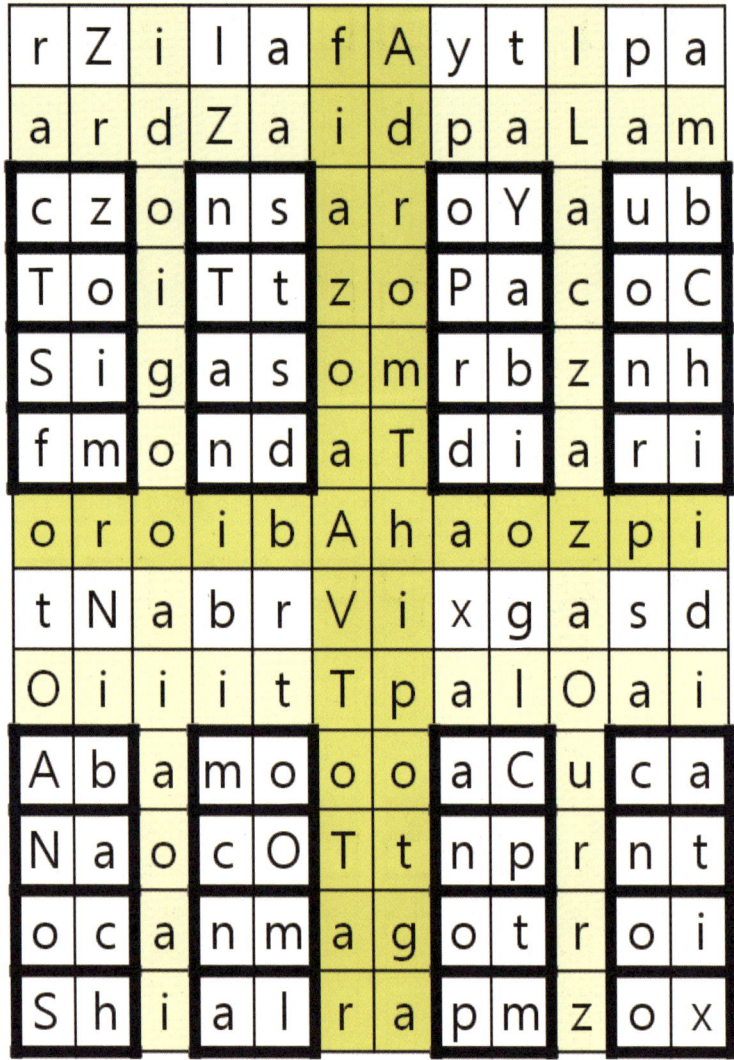

[그림 2-10] 공기의 종천사들

에노키안 오망성 의식과 육망성 의식

에노키안 매직은 지식적인 부분과 실천적인 부분으로 구분해 볼 수 있다. 지식적인 부분은 에노키안 타블렛이라고 하는 지도에 감추어진 여러 존재들의 이름을 찾아내는 것이며, 실천적인 부분은 이렇게 찾아낸 여러 존재들의 이름을 사용하여 마법적인 힘을 다루는 법을 익히는 것이다.

이 실천적인 부분은 크게 두 가지 부분으로 나누어볼 수 있는데, 와치타워Watchtower 라고 하는 4대 원소로 대표되는 존재들을 소환하는 인보케이션 매직Invocation Magic과 30개의 에이터Aetyr 세계로 아스트랄체를 날려 보내 여행하는 스피릿 비전Spirit Vision이 있다.

여기에서는 에노키안 매직을 통한 인보케이션 매직을 다루며 오망성 의식과 육망성 의식 역시 이 인보케이션 매직에 필요한 마법 의식이다.

이 와치타워에 존재하는 영적 존재들은 신성계 존재와 천사계 존재로 나누어 볼 수 있다. 신성계 존재는 육망성 의식을 이용하여 인보케이션하며, 천사계 존재는 오망성 의식을 이용하여 인보케이션한다. 이렇게 인보케이션 한 존재들의 파동을 마법사의 오라에 받아들여 마법사의 영적인 신체를 정화, 충전, 변성시키는 것이 에노키안 매직이 된다.

오망성 의식과 육망성 의식은 실제 행하는 방법은 동일하나 그 목적이 소환인지 혹은 퇴거인지에 따라 오망성 혹은 육망성을 그리는 방법에 차이가 있다. 그러므로 우선적으로 각각의 의식의 과정을 이해하고 오망성 혹은 육망성을 그리는 방법을 이해한다면 에노키안 오망성/육망성 의식을 행할 수 있다. 참고로, 여기에서 대문자만으로 표기된 것은 에노키안 문자이므로 에노키안의 발성과 읽는 법을 사용하여 읽는다.

| 에노키안 오망성 의식

1. 동쪽을 바라보고 곧게 선다.
2. 왼팔은 편안하게 두고, 오른손은 주먹을 쥔 채 검지손가락만 곧게 편다.
3. 이마 중앙에 검지손가락 끝을 가볍게 대고 **ZAH**를 발성한다.
4. 가슴 한복판에 검지손가락 끝을 가볍게 대고 **ONDOH**를 발성한다.
5. 오른쪽 어깨에 검지손가락 끝을 가볍게 대고 **MIH**를 발성한다.
6. 왼쪽 어깨에 검지손가락 끝을 가볍게 대고 **BUZD**를 발성한다.
7. 가슴 앞에서 합장하고 **PAID**를 말한다.
8. 양팔을 내리고 자세를 편안하게 한다.
9. 공간이 충분한 경우, 제단을 뒤로 한 채 동쪽을 바라보고 선다. 공간이 불충분하면 제자리에서 회전하며 마법원을 그린다.
10. 오른손을 2번과 같이 하고 오른팔을 들어 손가락이 앞을 가리키는 것과 같이 한다.
11. 동쪽을 바라본 채로 노란색 공기의 오망성을 그리고 **EXARP**를

발성한다.

12. 팔을 든 채로 시계방향으로 이동하여(혹은 회전하여) 남쪽을 바라본다.
13. 남쪽을 바라본 채로 빨간색 불의 오망성을 그리고 **BITOM**을 발성한다.
14. 팔을 든 채로 시계방향으로 이동하여(혹은 회전하여) 서쪽을 바라본다.
15. 서쪽을 바라본 채로 파란색 물의 오망성을 그리고 **HCOMA**를 발성한다.
16. 팔을 든 채로 시계방향으로 이동하여(혹은 회전하여) 북쪽을 바라본다.
17. 북쪽을 바라본 채로 검은색 대지의 오망성을 그리고 **NANTA**를 발성한다.
18. 팔을 내리고 자세를 편안하게 한 뒤 마법원의 중심으로 돌아와 동쪽을 바라본다.
19. 양 팔을 양 옆으로 펼쳐 십자가 모양으로 한 뒤에 말한다.

내 앞에는 공기의 왕 **BATAIVAH**가
내 뒤에는 물의 왕 **RAAGIOSL**이
내 오른편에는 불의 왕 **EDLPRNAA**가
내 왼편에는 대지의 왕 **ICZHIHAL**이 있다.
보라! 네 오망성이 내 주위에서 타오르고 있으며
나는 그 중심에 홀로 있도다!

20. 양팔을 내리고 다음 의식이 있다면 다음 의식을 이어서 행한다.

   11~17의 오망성을 그리는 부분에서 소환의 오망성을 그리면 해당 오망성의 에너지를 불러들이는 소환 의식이 되며, 퇴거의 오망성을 그리면 해당 오망성의 에너지를 퇴거하는 퇴거 의식이 된다. 단, 퇴거 의식과 소환 의식을 섞어서 행하면 안 된다. 즉, 한 의식에서 동쪽의 공기 원소는 퇴거하고 남쪽의 불 원소는 소환하는 식으로 의식을 행하는 것이 아니라 퇴거의식을 모두 행한 후에 소환의식을 행하는 식이 된다. 그러므로 어떤 원소는 퇴거하고 이띤 원소는 소환하는 것이 아니라 모든 원소를 퇴거하고 모든 원소를 소환하는 의식이다.

   각 원소의 소환과 퇴거 오망성을 그리는 방법은 [그림 2-11]과 같다.

[그림 2-11] 소환과 퇴거 오망성 그리는 법

| 에노키안 육망성 의식

1. 동쪽을 바라보고 편안하게 선다.
2. 왼팔은 편안하게 두고, 오른손은 주먹을 쥔 채 검지손가락만 곧게 편다.
3. 공간이 충분한 경우, 제단을 뒤로 한 채 동쪽을 바라보고 선다..공간이 불충분하면 제자리에서 회전하며 마법원을 그린다.
4. 동쪽을 바라보고 오른팔을 들어 앞을 가리키는 것처럼 한다.
5. 손가락 끝으로 노란색 공기의 육망성을 그리고 **1VITDT**를 발성한다. 그리고 다음과 같이 말한다.

    보라! 진실의 불꽃이 타오르니
    이 불꽃은 모든 슬픔, 죄악, 죽음을 연료로 삼아 타오르는구나

6. 팔을 든 채로 시계방향으로 이동하여(혹은 회전하여) 남쪽을 바라본다.
7. 손가락 끝으로 빨간색 불의 육망성을 그리고 **ZTZTZT**를 발성한다. 그리고 다음과 같이 말한다.

    보라! 사랑의 길이란
    이 컵 안에 모든 것을 희생하는 것이리니

8. 팔을 든 채로 시계방향으로 이동하여(혹은 회전하여) 서쪽을 바라

본다.

9. 손가락 끝으로 파란색 물의 육망성을 그리고 **IVITDE**를 발성한다.
10. 팔을 든 채로 시계방향으로 이동하여(혹은 회전하여) 북쪽을 바라본다.
11. 손가락 끝으로 검은색 대지의 육망성을 그리고 **ZTZTZT**를 발성한다.
12. 팔을 내리고 자세를 편안하게 한 뒤 마법원의 중심으로 돌아와 동쪽을 바라본다.
13. 팔을 양 옆으로 펼쳐 십자가 모양으로 한 뒤에 말한다.

> 내 앞에는 ORO IBAH AOZPI
> 내 뒤에는 MPH ARSL GAIOL
> 내 오른편에는 OIP TEAA PDOCE
> 내 왼편에는 MOR DIAL HCTGA
> 위와 같이 아래도 그러할지니,
> 내 마법과도 같은 우주도 그러할지다
> 보라! 나는 그 중심에 홀로 있도다.

14. 양팔을 내리고 다음 의식이 있다면 다음 의식을 이어서 행한다.

이 역시 오망성 의식과 같이 육망성을 그릴 때 아래 [그림 2-12]의 육망성 그림에 맞춰 소환과 퇴거 육망성을 그리는 것으로 소환 혹은 퇴거 의식을 행한다. 또한, 이 과정에서 8, 9번에서는 육망성을 그린

뒤에 기도문을 읊는 것이 없으므로 주의할 필요가 있다.
 각 원소의 소환 혹은 퇴거 육망성을 그리는 방법은 [그림 2-12]와 같다.

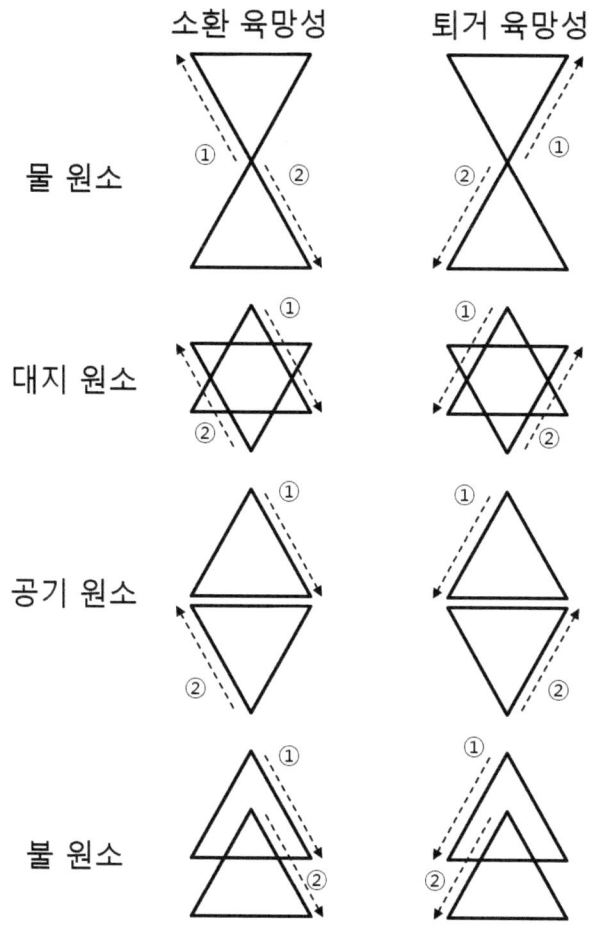

[그림 2-12] 소환과 퇴거 육망성 그리는 법

이후부터는 이 오망성 의식과 육망성 의식을 이용하여 어떻게 에노키안 타블렛의 존재들을 소환하는지에 대해 설명하도록 하겠다.

PART II 예노키안 수행

| 열심자 Zelator

4대 원소의 왕 소환(인보케이션)

위계에서는 4대 원소의 왕을 소환하는 방법을 배우고 익힌다. 4대 원소의 왕과 다음 단계에서 행할 시니어는 원소의 사분면 중에서 영성Spirit에 해당하는 속성을 지닌다. 그러므로 해당 사분면 내에서 십자로 모든 구역을 나누는 곳에 이름이 배치되어 있다. 여기에서 말하는 영성이란 4대 원소에 속하지 않는 천상의 존재인 행성을 의미하며, 이 중에서 왕은 태양을, 나머지 시니어들은 각자의 행성을 나타낸다.

에노키안의 존재를 소환하는 것은 높은 위계에서부터 점점 낮은 위계로 나아간다. 그 이유는 가장 명확하게 표현되는 에너지이기 때문에 쉽게 해당 에너지의 파동을 인지할 수 있기 때문이며, 차차 나아가면서 더욱 정묘하고 세밀하게 와치타워의 에너지와 천사를 소환해 나가는 것이다.

우선 자세하게 4대 원소의 왕을 소환하는 방법을 설명하기 전에 간략하게 전체적인 흐름을 설명하면 다음과 같다.

수행공간의 정리 및 정화 → 셀프 이니시에이션 → 에노키안 오망성 퇴거의식 → 에노키안 육망성 퇴거의식 → 에노키안 육망성 소환의식 → 에노키안 1번째, 2번째 콜 발성 → 해당 원소의 감추어진 신성한 명칭 발성 → 해당 원소의 왕 소환 의식 → 묵상 → 원소의 왕 퇴거 의식 → 에노키안 오망성 퇴거 의식 → 에노키안 육망성 퇴거 의식 → 묵상 및 수행공간의 정리 및 정화

이제 위의 흐름을 염두에 두면서 하나하나 과정을 정리해 나가도록 하자.

1단계 : 준비

우선적으로 의식을 행하기 전에 의식에 필요한 정보를 정리해 둔다. 이 단계에서 알아두어야 하는 정보는 다음과 같다. 이 정보들을 기억해두면 가장 좋고, 기억하는 것이 어렵다면 한 장의 종이에 정리해두는 것이 좋다.

- 소환하려는 원소의 감추어진 신성한 명칭
- 소환하려는 원소의 왕의 명칭
- 에노키안 콜
- 소환하려는 원소의 방위
- 일곱 행성의 육망성을 그리는 법

| **소환하려는 원소의 감추어진 신성한 명칭 / 왕의 명칭 / 시니어들의 명칭**

이 명칭들은 이미 에노키안 타블렛에서 존재의 이름을 찾는 것을 통해서 이름을 찾아내었을 것이다. 여기에서는 그 이름에 더해서 각 이름의 발음법을 포함하여 정리하고자 한다.

위계	명칭	발음법	원소 속성	행성 속성
신성한 명칭	ORO IBAH AOZPI	Oh-ROh EE-BAH Ah-Oh-Zohd-Pey	공기	·
	MPH ARSL GAIOL	eM-PeH ARaSaL GAh-EE-Oh-Leh	물	·
	MOR DIAL HCTGA	eMOR-DEE-AL Heh-Cah-Tah-GAh	대지	·
	OIP TEAA PDOCE	Oh-EE-Peh TEy-Ah-Ah Peh-Doh-Kay	불	·
왕	BATAIVAH	BAh-TAh-EE-VAh-Heh	공기	태양
	RAAGIOSL	RAh-Ah-Gee-Oh-SeL	물	태양
	ICZHIHAL	EE-Kah-Zohd-Hee-HAL	대지	태양
	EDLPRNAA	Eh-DeL-PeR-NAh-Ah	불	태양

| 에노키안 콜 Enochian Call

에노키안 콜이란 에노키안 키 Enochian Key 라는 이름으로 불리기도 하는 것으로, 에노키안 매직을 행할 때에 특정 속성의 에너지와의 통로를 열어 의식 공간에 해당 에너지가 가득하도록 하는 역할을 한다. 이 콜에 맞춰 의식 공간의 에너지가 해당 의식의 목적에 맞추어 조율되며 의식을 행하는 데에 더욱 도움이 된다. 이 에노키안 콜은 총 19개가 있으며 전체 콜에 대해서는 책의 뒤쪽에 부록으로 실어두도록 하겠다.

이 의식에서는 총 19개의 콜 중에서 첫 번째와 두 번째 콜만을 발성하면 된다. 이 콜은 에노키안으로 발성하는 것이기 때문에 익숙하지 않으면 중간 중간 버벅거릴 수 있으니 평상시에 마음속으로 따라 읽으며 익숙하게 해 둘 필요가 있다. 콜에 대해서는 뒤쪽의 부록을 참고하기 바란다.

| 소환의 방위

원소와 방위 대응은 두 가지로 나누어 볼 수 있다. 첫 번째는 우리가 존재하는 물질계의 방위이며, 두 번째는 아직 물질계로 드러나지 않은 유현계의 세계의 방위이다. 이 두 가지는 원소의 영향을 받는 방식이 다르기 때문에 원소와 방위의 대응이 달라지게 된다.

물질계의 방위는 대지의 바람의 방위에 영향을 받는다. 물질계에서는 우리의 의식적 초점이 물질계에서 벗어나지 못하기 때문에 물질계에서 의식을 행하는 에노키안 매직에서는 이 물질계의 방위를 사용한다.

유현계의 방위는 12 천궁도의 영향을 받는다. 이는 에텔, 아스트랄, 멘탈계의 세계에서 이루어지는 방위이며 우리가 의식의 초점을 이 유현계로 이동시키지 않는다면 해당되지 않는다. 그러므로 의식을 이동시키는 스피릿 비전을 행할 때에는 이 유현계의 방위를 사용한다.

여기에서는 물질계에서 의식을 행하는 에노키안 매직이므로 당연히 물질계의 방위를 사용한다. 정리를 위해 유현계의 방위를 함께 표기하지만 실수로라도 방위를 착각하지 않기를 바란다.

원소	물질계의 방위	유현계의 방위
공기	동쪽	서쪽
물	서쪽	북쪽
대지	북쪽	남쪽
불	남쪽	동쪽

| 행성의 육망성을 그리는 법

　에노키안의 존재는 육망성 혹은 오망성에 소환된다. 그러므로 소환하고자 하는 존재의 속성에 대응되는 육망성을 그리는 것은 매우 중요하다. 이는 소환을 위한 육망성에 해당 행성의 에너지를 충전하는 행위이며, 제대로 행성의 에너지가 충전되었다면 해당 에노키안의 존재가 그 육망성 안에 소환될 것이다.

　육망성은 여섯 꼭짓점이 태양을 제외한 여섯 개의 행성(수성, 금성, 화성, 달, 목성, 토성)과 대응된다. 육망성을 그릴 때에는 육망성의 각 선도 해당 행성의 색에 맞추어서 그려주도록 한다. 특정 행성의 육망성을 그리기 위해서는 해당 행성에 대응되는 꼭짓점에서 시작하여 그린다. 하나의 삼각형을 완성한 뒤에는 처음 시작했던 꼭짓점의 반대쪽에 있는 지점에서 나머지 삼각형을 그려 육망성을 완성한다. 소환을 할 때에는 삼각형을 시계 방향으로 그리고, 퇴거를 할 때에는 삼각형을 반시계 방향으로 그린다. 이렇게 육망성을 완성한 뒤에 육망성의 중심에 해당 원소의 기호를 상상하도록 한다. 이 육망성의 그리는 법, 기호, 색상을 정리하면 [그림 3-1]과 같다.

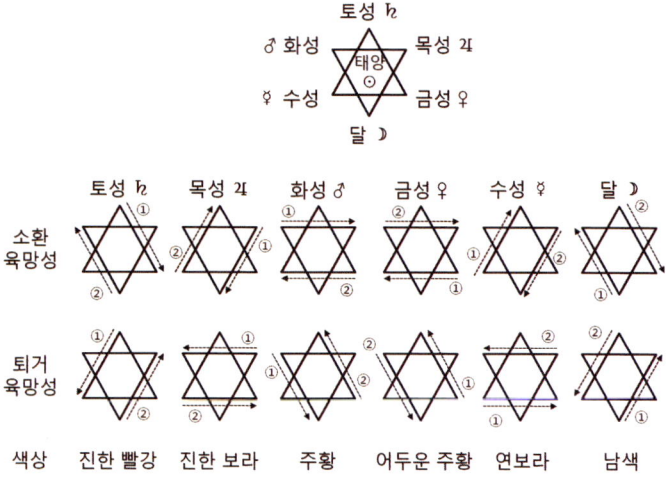

[그림 3-1] 행성의 육망성을 그리는 법과 색상

2단계 : 의식

위의 내용에 맞춰 준비를 마쳤다면 이제 실제 의식으로 들어간다. 의식을 행할 때에는 미리 공간의 청소와 정리를 해 두고 해당 공간의 중앙에 간단하게라도 제단을 설치해 두는 것이 좋다. 마법사는 제단의 서쪽에 서서 동쪽을 바라본 상태로 의식을 행하는 것이 대부분이다. 본래 에노키안 매직에 사용하는 제단의 형태는 따로 있으나 그 구조가 복잡하기 때문에 보편적인 마법 제단 정도의 구조라도 상관없다. 보편적으로 사용하는 마법 제단의 모습은 다음과 같다.

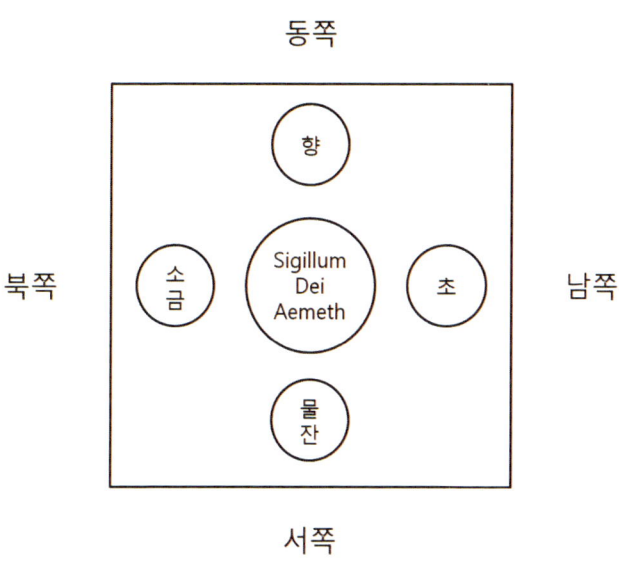

[그림 3-2] 마법제단의 기본

위와 같이 준비가 끝났다면 본격적인 소환 의식에 들어간다.

| 원소의 왕 소환 의식

1. 가볍게 눈을 감고 명상한다.
2. 셀프 이니시에이션 의식을 행한다.
3. 에노키안 오망성 퇴거의식을 행한다.(오망성의 퇴거 방향)
4. 에노키안 육망성 퇴거의식을 행한다.(육망성의 퇴거 방향)
5. 에노키안 육망성 소환의식을 행한다.(육망성의 소환 방향)
6. 소환하려는 원소의 방위를 향해 선다.

7. 에노키안 콜을 발성한다.

   첫 번째 콜을 발성한 후에 두 번째 콜을 발성한다.(분위기가 잡힐 때까지 3회 정도)

8. 왼손은 자연스럽게 내려두고 오른손은 주먹을 쥔 채 검지만 세운다.

9. 오른팔을 앞으로 뻗어 허공을 향한다.

10. 허공에 6개의 소환 육망성을 그리며 육망성이 빛나는 것을 상상한다. 그 순서는 「토성 → 목성 → 화성 → 금성 → 수성 → 달」로 한다.

11. 육망성의 중심에 태양의 행성 기호를 상상한다.

12. 육망성을 상상한 상태에서 아래의 순서대로 에노키안의 명칭을 발성한다.

    (1) 해당 원소의 감추어진 신성한 명칭

    (2) 해당 원소의 왕의 명칭

13. 12번의 명칭을 여러 번 반복하며 그 이름의 성질과 특성에 집중한다.

14. 주변의 분위기가 변한다거나 무언가 느낌(불편하지 않은)이 드는지 살핀다.

15. 분위기가 변하거나 느낌이 들면 그 분위기 혹은 느낌을 대상으로 묵상한다.

16. 충분히 묵상했다면 눈을 뜬다.

17. 소환에 응해준 원소의 왕에게 감사의 인사를 한다.

18. 허공에 6개의 퇴거 육망성을 그리며 손끝을 따라 육망성이 점차 지워지는 것을 상상한다.

19. 육망성이 사라지면 허공의 행성기호가 사라지는 것을 상상한다.
20. 에노키안 오망성 퇴거 의식을 행한다.
21. 에노키안 육망성 퇴거 의식을 행한다.
22. 제단을 정리하고 묵상의 느낌과 경험을 일기에 기록한다.

위와 같은 순서로 의식이 진행된다. 여기에서는 불의 왕인 「EDL-PRNAA」를 예로 들어보겠다.

| 불의 왕 EDLPRNAA 소환의식

1. 가볍게 눈을 감고 명상한다.
2. 셀프 이니시에이션 의식을 행한다.
3. 에노키안 오망성 퇴거의식을 행한다.(오망성의 퇴거 방향)
4. 에노키안 육망성 퇴거의식을 행한다.(육망성의 퇴거 방향)
5. 에노키안 육망성 소환의식을 행한다.(육망성의 소환 방향)
6. 불의 원소 방위인 남쪽을 향해 선다.
7. 에노키안 콜을 발성한다.
   첫 번째 콜을 발성한 후에 두 번째 콜을 발성한다.(분위기가 잡힐 때까지 3회 정도)
8. 왼손은 자연스럽게 내려두고 오른손은 주먹을 쥔 채 검지만 세운다.
9. 오른팔을 앞으로 뻗어 허공을 향한다.
10. 허공에 6개의 소환 육망성을 그리며 육망성이 빛나는 것을 상상한다. 그 순서는 「토성 → 목성 → 화성 → 금성 → 수성 → 달」로 한다.

11. 육망성의 중심에 태양의 행성 기호를 상상한다.
12. 육망성을 상상한 상태에서 아래의 순서대로 에노키안의 명칭을 발성한다.

   (1) 불 원소의 감추어진 신성한 명칭

   OIP TEAA PDOCE(Oh-EE-Peh TEy-Ah-Ah Peh-Doh-Kay)

   (2) 불 원소의 왕의 명칭

   EDLPRNAA(Eh-DeL-PeR-NAh-Ah)

13. 12번의 명칭을 여러 번 반복하며 그 이름의 성질과 특성에 집중한다.
14. 주변의 분위기가 변한다거나 무언가 느낌(불편하지 않은)이 드는지 살핀다.
15. 분위기가 변하거나 느낌이 들면 그 분위기 혹은 느낌을 대상으로 묵상한다.
16. 충분히 묵상했다면 눈을 뜬다.
17. 소환에 응해준 불 원소의 왕에게 감사의 인사를 한다.
18. 허공에 6개의 퇴거 육망성을 그리며 손끝을 따라 육망성이 점차 지워지는 것을 상상한다.
19. 육망성이 사라지면 허공의 행성기호가 사라지는 것을 상상한다.
20. 에노키안 오망성 퇴거 의식을 행한다.
21. 에노키안 육망성 퇴거 의식을 행한다.
22. 제단을 정리하고 묵상의 느낌과 경험을 일기에 기록한다.

그러므로 위의 의식 구조를 이해한다면 신성한 명칭과 왕의 명칭만을 기억하는 것으로 소환의식을 행할 수 있게 된다.

[주의사항]

  이 소환의식을 비롯한 모든 소환의식은 내밀하게 행해져야 하며, 의식을 행하는 도중에는 다른 방해를 받아서는 안 된다. 그러므로 의식을 행하기 전에 충분히 수분 섭취와 식사를 마치고 화장실을 다녀오는 등의 준비를 해 둔 뒤에, 핸드폰의 전원을 끄는 등 외부의 간섭을 최소화한 뒤에 의식을 행해야 한다.

  또한, 소환의식은 하루에 여러 번 하는 것이 아니라 하루에 하나의 존재만을 소환한다. 4대 왕의 경우에는 매주 하나의 원소씩 돌아가면서 총 4주에 걸친 의식을 수행하기를 권한다.

PART III 에노키안 수행

| 이론자 Theoricus

시니어 소환(인보케이션)

이론자 위계에서는 원소의 왕을 돕는 시니어Senior를 소환한다. 시니어는 왕과 마찬가지로 육망성의 소환의식을 행하며, 각 시니어는 태양을 제외한 6개의 행성을 상징한다.

시니어의 소환의식은 왕의 소환의식과 크게 다를 것이 없지만, 차이점이라고 한다면 우선 감추어진 신성한 명칭, 왕의 명칭을 발성한 뒤에 선택한 시니어의 명칭을 발성한다. 즉, 여섯 시니어를 한꺼번에 부르는 것이 아니라 한 번의 의식에 하나의 시니어를 소환하는 것이다.

또한, 육망성을 그릴 때에도 왕의 소환에서는 여섯 육망성을 모두 그렸지만, 여기에서는 해당 시니어의 행성 속성에 맞는 육망성 하나만을 그리면 된다. 이 외에는 왕의 소환의식과 동일하다.

1단계 : 준비

여기에서 준비해야 할 것은 다음과 같다. 이것들을 미리 준비하여 외워두거나 한 장의 종이에 적어두면 의식을 보다 수월하게 진행할 수 있을 것이다.

- 소환하려는 원소의 감추어진 신성한 명칭
- 소환하려는 원소의 왕의 명칭
- 소환하려는 원소의 시니어의 명칭
- 에노키안 콜

- 소환하려는 원소의 방위
- 일곱 행성의 육망성을 그리는 법

　나머지 준비는 왕의 소환과 동일하며, 여기에서는 시니어의 정보만을 추가적으로 준비해두면 된다. 각 시니어의 명칭과 그 발음법, 원소와 행성의 속성은 다음과 같다.

위계	명칭	발음법	원소 속성	행성 속성
시니어	HABIORO	HAh-BEE-ORO	공기	화성
	AAOZAIF	Ah-Ah-Oh-Zod-Ah-EE-Fah	공기	목성
	AHAOZPI	AHAh-Oh-Zod-PEE	공기	금성
	AVTOTAR	AVah-TOh-TARah	공기	수성
	HTMORDA	HeTah-MORah-DAh	공기	달
	HIPOTGA	HEE-POh-Teh-GAh	공기	토성
	LAOAXRP	LAh-Oh-AXeh-ReP	물	달
	SONIZNT	SOh-NEE-Zod-Neh-Tah	물	수성
	LSRAHPM	LeS-Rah-Heh-PeM	물	화성
	SLGAIOL	SeLah-GAh-EE-OL	물	금성
	LIGDISA	LEEG-DEE-SAh	물	토성
	SAIINOV	SAh-EE-EE-NOh-OO	물	목성
	LAIDROM	LAh-EE-Deh-Roh-Meh	대지	화성
	ALHCTGA	ALah-Heh-Cah-Tah-Gah	대지	금성
	AHMLICV	Ah-HeM-LEE-Cah-Veh	대지	수성
	ACZINOR	ACah-Zod-EE-NOh-Rah	대지	목성
	LIIANSA	LEE-EE-Ah-Neh-SAh	대지	토성

LZINOPO	Lah-Zod-EE-NOh-POh	대지	달
ALNDVOD	ALah-Neh-Dah-VOhD	불	달
AAPDOCE	Ah-Ah-Peh-Doh-KEh	불	금성
ARINNAP	AREE-Neh-NAh-Peh	불	토성
AAETPIO	Ah-Ah-ETah-PIO	불	화성
ADOEOET	ADA-Eh-Oh-ETah	불	목성
ANODOIN	ANOh-DOh-EE-Nah	불	수성

위의 내용을 기반으로 하여 의식을 행하면 된다.

2단계 : 의식

의식의 내용에서는 왕의 소환과 크게 다른 것은 없으며, 왕의 명칭을 발성한 뒤에 시니어의 명칭을 한 번 더 발성하는 등의 세세한 부분의 차이가 있다.

| 원소의 시니어 소환 의식

1. 가볍게 눈을 감고 명상한다.
2. 셀프 이니시에이션 의식을 행한다.
3. 에노키안 오망성 퇴거의식을 행한다.(오망성의 퇴거 방향)
4. 에노키안 육망성 퇴거의식을 행한다.(육망성의 퇴거 방향)
5. 에노키안 육망성 소환의식을 행한다.(육망성의 소환 방향)
6. 소환하려는 원소의 방위를 향해 선다.

7. 에노키안 콜을 발성한다.

    첫 번째 콜을 발성한 후에 두 번째 콜을 발성한다.(분위기가 잡힐 때까지 3회 정도)
8. 왼손은 자연스럽게 내려두고 오른손은 주먹을 쥔 채 검지만 세운다.
9. 오른팔을 앞으로 뻗어 허공을 향한다.
10. 허공에 해당 시니어에 대응되는 행성의 소환 육망성을 그리며 그 행성의 색으로 육망성이 빛나는 것을 상상한다.
11. 육망성의 중심에 해당 행성의 행성 기호를 상상한다.
12. 육망성을 상싱한 상태에서 아래의 순서대로 에노키안의 명칭을 발성한다.

    (1) 해당 원소의 감추어진 신성한 명칭

    (2) 해당 원소의 왕의 명칭

    (3) 해당 시니어의 명칭
13. 12번의 명칭을 여러 번 반복하며 그 이름의 성질과 특성에 집중한다.
14. 주변의 분위기가 변한다거나 무언가 느낌(불편하지 않은)이 드는지 살핀다.
15. 분위기가 변하거나 느낌이 들면 그 분위기 혹은 느낌을 대상으로 묵상한다.
16. 충분히 묵상했다면 눈을 뜬다.
17. 소환에 응해준 시니어에게 감사의 인사를 한다.
18. 허공에 해당 시니어에 대응되는 행성의 퇴거 육망성을 그리며 손끝을 따라 육망성이 점차 지워지는 것을 상상한다.

19. 육망성이 사라지면 허공의 행성기호가 사라지는 것을 상상한다.
20. 에노키안 오망성 퇴거 의식을 행한다.
21. 에노키안 육망성 퇴거 의식을 행한다.
22. 제단을 정리하고 묵상의 느낌과 경험을 일기에 기록한다.

위와 같은 순서로 의식이 진행된다. 여기에서는 대지의 시니어 중 목성의 시니어인 「ACZINOR」을 예로 들어보겠다.

| 대지 중 목성의 시니어 ACZINOR 소환 의식

1. 가볍게 눈을 감고 명상한다.
2. 셀프 이니시에이션 의식을 행한다.
3. 에노키안 오망성 퇴거의식을 행한다.(오망성의 퇴거 방향)
4. 에노키안 육망성 퇴거의식을 행한다.(육망성의 퇴거 방향)
5. 에노키안 육망성 소환의식을 행한다.(육망성의 소환 방향)
6. 대지 원소의 방위인 북쪽을 향해 선다.
7. 에노키안 콜을 발성한다.
   첫 번째 콜을 발성한 후에 두 번째 콜을 발성한다.(분위기가 잡힐 때까지 3회 정도)
8. 왼손은 자연스럽게 내려두고 오른손은 주먹을 쥔 채 검지만 세운다.
9. 오른팔을 앞으로 뻗어 허공을 향한다.
10. 허공에 시니어 **ACZINOR**에 대응되는 행성인 목성의 소환 육망성을 그리며 그 행성의 색인 진한 보라색으로 육망성이 빛나는 것을 상상한다.

11. 육망성의 중심에 목성의 행성 기호를 상상한다.
12. 육망성을 상상한 상태에서 아래의 순서대로 에노키안의 명칭을 발성한다.

    (1) 대지 원소의 감추어진 신성한 명칭

    MOR DIAL HCTGA(eMOR-DEE-AL Heh-Cah-Tah-GAh)

    (2) 대지 원소의 왕의 명칭

    ICZHIHAL(EE-Kah-Zohd-Hee-HAL)

    (3) 시니어의 명칭

    ACZINOR(ACah-Zod-EE-NOh-Rah)

13. 12번의 명칭을 여러 번 반복하며 그 이름의 성질과 특성에 집중한다.
14. 주변의 분위기가 변한다거나 무언가 느낌(불편하지 않은)이 드는지 살핀다.
15. 분위기가 변하거나 느낌이 들면 그 분위기 혹은 느낌을 대상으로 묵상한다.
16. 충분히 묵상했다면 눈을 뜬다.
17. 소환에 응해준 시니어에게 감사의 인사를 한다.
18. 허공에 시니어 **ACZINOR**에 대응되는 행성인 목성의 퇴거 육망성을 그리며 손끝을 따라 육망성이 점차 지워지는 것을 상상한다.
19. 육망성이 사라지면 허공의 행성기호가 사라지는 것을 상상한다.
20. 에노키안 오망성 퇴거 의식을 행한다.
21. 에노키안 육망성 퇴거 의식을 행한다.
22. 제단을 정리하고 묵상의 느낌과 경험을 일기에 기록한다.

이 의식은 해당 행성과 그 요일에 맞춰(달-월요일, 화성-화요일, 수성-수요일, 목성-목요일, 금성-금요일, 토성-토요일) 행하는 것이 좋으며, 매 주 하나의 원소에 해당하는 시니어를 하루에 하나씩 부르면 4주의 기간으로 시니어 소환의식을 마무리할 수 있다. 소환 의식을 행하지 않는 일요일에는 셀프 이니시에이션만을 행하며 휴식을 취하도록 한다.

PART IV 에노키안 수행

실천자 Practicus

캘버리 크로스의 대천사 소환(인보케이션)

실천자 위계에서부터는 에노키안 타블렛에서 천사Angel라고 칭해지는 존재들을 소환하게 된다. 이 존재들은 이전의 존재들이 4대 원소를 그 주 속성으로 삼고 행성을 그 하부 속성을 삼았던 것에 비해 주 속성과 하부 속성 모두 4대 원소로 구성되어 있다. 이는 에노키안 타블렛에서도 살펴볼 수 있는데, 4대 원소의 왕과 시니어가 모두 각 사분면의 중앙을 가르는 십자에 이름이 배치되어있는 반면, 이제부터 소환할 존재들은 그 이름이 모두 하위 사분면에 위치하고 있다.

이러한 차이는 사용하는 의식의 차이에 반영된다. 4대 원소의 왕과 시니어는 행성의 에너지를 나타냈기 때문에 일곱 행성을 상징하는 육망성 의식을 사용했지만, 여기에서부터는 4대 원소의 존재들을 다루기 때문에 원소 에너지를 상징하는 오망성 의식을 사용한다. 그러므로 여기에서부터는 오망성 소환의식을 통해 천사 소환의식을 행한다.

1단계 : 준비

여기에서 준비해야 할 것은 다음과 같다. 이것들을 미리 준비하여 외워두거나 한 장의 종이에 적어두면 의식을 보다 수월하게 진행할 수 있을 것이다.

- 소환하려는 주 원소 속성에 해당하는 감추어진 신성한 명칭
- 소환하려는 주 원소 속성에 해당하는 원소의 왕의 명칭

- 소환하려는 주 원소 속성에 해당하는 시니어의 명칭
- 소환하려는 캘버리 크로스 천사의 6문자로 된 명칭
- 소환하려는 캘버리 크로스 천사의 5문자로 된 명칭
- 에노키안 콜
- 소환하려는 원소의 방위
- 원소의 오망성을 그리는 법

모든 에노키안 존재의 소환은 그보다 높은 위계에 존재하는 존재의 이름을 시용힌 뒤에 이루어진다. 그러므로 캘버리 크로스보다 높은 위계에는 신성한 명칭, 왕, 시니어가 있으므로 각각을 모두 발성한 뒤에 캘버리 크로스의 존재의 명칭을 부르는 것이다.

또한, 캘버리 크로스의 천사는 는 하나의 하위 사분면에 세로의 6문자로 된 명칭과 가로의 5문자로 된 명칭이 있다. 이 둘은 각각 따로 존재하는 것이 아니라 둘이 한 쌍으로 존재하는 것이므로 소환 의식을 할 때에는 두 이름을 하나의 의식에서 함께 사용하여 소환의식을 행한다. 세로의 6문자로 된 명칭은 해당 하위 사분면 천사의 존재를 불러내는 명칭이 되며, 가로의 5문자로 된 명칭은 그 존재의 에너지를 조정하는 권한을 갖는 명칭이 된다.

| 캘버리 크로스 천사의 명칭과 그 발음법

우선 각 하위 사분면의 캘버리 크로스의 명칭과 그 발음법, 속성 배치를 다시 한 번 정리해 두도록 하자.

명칭	발음	원소 속성
IDOIGO	I–DOh–I–GOh	공기 중 공기 Air of Air
ARDZA	ARah–Da–Zod–Ah	공기 중 공기 Air of Air
LLACZA	Leh–LAh–Cah–Zod–Ah	공기 중 물 Water of Air
PALAM	PALAMeh	공기 중 물 Water of Air
AIAOAI	Ah–I–Ah–Oh–Ah–I	공기 중 대지 Earth of Air
OIIIT	Oh–I–I–I–Tah	공기 중 대지 Earth of Air
AOVRRZ	Ah–Oh–U–Ra–Ra–Zod	공기 중 불 Fire of Air
ALOAI	ALOh–Ah–I	공기 중 불 Fire of Air
OBGOTA	OBa–GOh–TA	물 중 공기 Air of Water
AABCO	Ah–ABa–COh	물 중 공기 Air of Water
NELAPR	NEh–LAh–Pah–Ra	물 중 물 Water of Water
OMEBB	Oh–MEh–Bah–Beh	물 중 물 Water of Water
MALADI	MA–LA–DI	물 중 대지 Earth of Water
OLAAD	Oh–LAh–ADeh	물 중 대지 Earth of Water
IAAASD	IA–Ah–ASah–Deh	물 중 불 Fire of Water
ATAPA	ATAPA	물 중 불 Fire of Water
ANGPOI	ANah–Geh–POh–I	대지 중 공기 Air of Earth
VNNAX	UNeh–NAh–Xah	대지 중 공기 Air of Earth
ANAEEM	ANAh–Eh–Eh–Mah	대지 중 물 Water of Earth
SONDN	SONah–Dah–Nah	대지 중 물 Water of Earth
ABALPT	ABALah–Peh–Tah	대지 중 대지 Earth of Earth
ARBIZ	ARah–BI–Zod	대지 중 대지 Earth of Earth
OPMNIR	OPah–Meh–NIRah	대지 중 불 Fire of Earth
ILPIZ	ILah–PIZod	대지 중 불 Fire of Earth
NOALMR	NOh–ALah–Ma–Ra	불 중 공기 Air of Fire
OLOAG	Oh–LOh–Ah–Geh	불 중 공기 Air of Fire

VADALI	VA-DA-LI	불 중 물 Water of Fire
OBAUA	Oh-BA-U-Ah	불 중 물 Water of Fire
UOLXDO	U-Oh-La-Xa-DOh	불 중 대지 Earth of Fire
SIODA	SI-Oh-DAh	불 중 대지 Earth of Fire
RZIONR	Ra-Zod-I-Oh-Na-Ra	불 중 불 Fire of Fire
NRZFM	Na-Ra-Zod-Fa-Meh	불 중 불 Fire of Fire

다시 한 번 말하지만, 한 쌍의 이름이 한 번의 소환에 사용된다는 것을 잊지 않고 소환에 임해야 한다.

| 에노키안 콜

여기에서는 각 천사가 타블렛의 와치타워 내에서 위치하고 있는 곳에 따라 콜의 방법이 달라진다. 기본 원칙은 다음과 같다.

- 공기 중의 공기인 경우 3번째 콜만
- 공기 중 물인 경우 3번째 콜 이후 7번째 콜
- 공기 중 대지인 경우 3번째 콜 이후 8번째 콜
- 공기 중 불인 경우 3번째 콜 이후 9번째 콜
- 물 중 물인 경우 4번째 콜만
- 물 중 공기인 경우 4번째 콜 이후 10번째 콜
- 물 중 대지인 경우 4번째 이후 11번째 콜
- 물 중 불인 경우 4번째 콜 이후 12번째 콜
- 대지 중 대지인 경우 5번째 콜만
- 대지 중 공기인 경우 5번째 이후 13번째 콜

- 대지 중 물인 경우 5번째 이후 14번째 콜
- 대지 중 불인 경우 5번째 이후 15번째 콜
- 불 중 불인 경우 6번째 콜만
- 불 중 공기인 경우 6번째 콜 이후 16번째 콜
- 불 중 물인 경우 6번째 콜 이후 17번째 콜
- 불 중 대지인 경우 6번째 콜 이후 18번째 콜

이렇게 보면 복잡하니 이를 앞에서 정리한 캘버리 크로스 천사의 목록과 함께 정리해보면 다음과 같이 정리할 수 있다.

명칭	발음	원소 속성	콜의 순서
IDOIGO	I-DOh-I-GOh	공기 중 공기	3번
ARDZA	ARah-Da-Zod-Ah	공기 중 공기	3번
LLACZA	Leh-LAh-Cah-Zod-Ah	공기 중 물	3번 → 7번
PALAM	PALAMeh	공기 중 물	3번 → 7번
AIAOAI	Ah-I-Ah-Oh-Ah-I	공기 중 대지	3번 → 8번
OIIIT	Oh-I-I-I-Tah	공기 중 대지	3번 → 8번
AOVRRZ	Ah-Oh-U-Ra-Ra-Zod	공기 중 불	3번 → 9번
ALOAI	ALOh-Ah-I	공기 중 불	3번 → 9번
OBGOTA	OBa-GOh-TA	물 중 공기	4번 → 10번
AABCO	Ah-ABa-COh	물 중 공기	4번 → 10번
NELAPR	NEh-LAh-Pah-Ra	물 중 물	4번
OMEBB	Oh-MEh-Bah-Beh	물 중 물	4번
MALADI	MA-LA-DI	물 중 대지	4번 → 11번
OLAAD	Oh-LAh-ADeh	물 중 대지	4번 → 11번

IAAASD	IA-Ah-ASah-Deh	물 중 불	4번 → 12번
ATAPA	ATAPA	물 중 불	4번 → 12번
ANGPOI	ANah-Geh-POh-I	대지 중 공기	5번 → 13번
VNNAX	UNeh-NAh-Xah	대지 중 공기	5번 → 13번
ANAEEM	ANAh-Eh-Eh-Mah	대지 중 물	5번 → 14번
SONDN	SONah-Dah-Nah	대지 중 물	5번 → 14번
ABALPT	ABALah-Peh-Tah	대지 중 대지	5번
ARBIZ	ARah-BI-Zod	대지 중 대지	5번
OPMNIR	OPah-Meh-NIRah	대지 중 불	5번 → 15번
ILPIZ	ILah-PIZod	대지 중 불	5번 → 15번
NOALMR	NOh-ALah-Ma-Ra	불 중 공기	6번 → 16번
OLOAG	Oh-LOh-Ah-Geh	불 중 공기	6번 → 16번
VADALI	VA-DA-LI	불 중 물	6번 → 17번
OBAUA	Oh-BA-U-Ah	불 중 물	6번 → 17번
UOLXDO	U-Oh-La-Xa-DOh	불 중 대지	6번 → 18번
SIODA	SI-Oh-DAh	불 중 대지	6번 → 18번
RZIONR	Ra-Zod-I-Oh-Na-Ra	불 중 불	6번
NRZFM	Na-Ra-Zod-Fa-Meh	불 중 불	6번

| 소환의 방위

　소환을 위한 방위는 해당 존재의 주된 원소 속성을 따른다. 그러므로 만약 불 중 물의 천사라면 물의 원소의 방위를 따라 서쪽을 바라보고 천사의 소환의식을 행한다. 이것까지 포함하여 정리하게 되면 다음과 같이 정리할 수 있다.

명칭	발음	원소 속성	콜의 순서	방위
IDOIGO	I-DOh-I-GOh	공기 중 공기	3번	동쪽
ARDZA	ARah-Da-Zod-Ah	공기 중 공기	3번	동쪽
LLACZA	Leh-LAh-Cah-Zod-Ah	공기 중 물	3번 → 7번	동쪽
PALAM	PALAMeh	공기 중 물	3번 → 7번	동쪽
AIAOAI	Ah-I-Ah-Oh-Ah-I	공기 중 대지	3번 → 8번	동쪽
OIIIT	Oh-I-I-I-Tah	공기 중 대지	3번 → 8번	동쪽
AOVRRZ	Ah-Oh-U-Ra-Ra-Zod	공기 중 불	3번 → 9번	동쪽
ALOAI	ALOh-Ah-I	공기 중 불	3번 → 9번	동쪽
OBGOTA	OBa-GOh-TA	물 중 공기	4번 → 10번	서쪽
AABCO	Ah-ABa-COh	물 중 공기	4번 → 10번	서쪽
NELAPR	NEh-LAh-Pah-Ra	물 중 물	4번	서쪽
OMEBB	Oh-MEh-Bah-Beh	물 중 물	4번	서쪽
MALADI	MA-LA-DI	물 중 대지	4번 → 11번	서쪽
OLAAD	Oh-LAh-ADeh	물 중 대지	4번 → 11번	서쪽
IAAASD	IA-Ah-ASah-Deh	물 중 불	4번 → 12번	서쪽
ATAPA	ATAPA	물 중 불	4번 → 12번	서쪽
ANGPOI	ANah-Geh-POh-I	대지 중 공기	5번 → 13번	북쪽
VNNAX	UNeh-NAh-Xah	대지 중 공기	5번 → 13번	북쪽
ANAEEM	ANAh-Eh-Eh-Mah	대지 중 물	5번 → 14번	북쪽
SONDN	SONah-Dah-Nah	대지 중 물	5번 → 14번	북쪽
ABALPT	ABALah-Peh-Tah	대지 중 대지	5번	북쪽
ARBIZ	ARah-BI-Zod	대지 중 대지	5번	북쪽
OPMNIR	OPah-Meh-NIRah	대지 중 불	5번 → 15번	북쪽
ILPIZ	ILah-PIZod	대지 중 불	5번 → 15번	북쪽
NOALMR	NOh-ALah-Ma-Ra	불 중 공기	6번 → 16번	남쪽
OLOAG	Oh-LOh-Ah-Geh	불 중 공기	6번 → 16번	남쪽

VADALI	VA-DA-LI	불 중 물	6번 → 17번	남쪽
OBAUA	Oh-BA-U-Ah	불 중 물	6번 → 17번	남쪽
UOLXDO	U-Oh-La-Xa-DOh	불 중 대지	6번 → 18번	남쪽
SIODA	SI-Oh-DAh	불 중 대지	6번 → 18번	남쪽
RZIONR	Ra-Zod-I-Oh-Na-Ra	불 중 불	6번	남쪽
NRZFM	Na-Ra-Zod-Fa-Meh	불 중 불	6번	남쪽

| 원소의 오망성

원소의 오망성은 기존의 오망성 의식에서 사용하던 것과 동일한 오망성 그리는 법을 사용하면 된다. 여기에서는 각 원소의 상징기호와 해당 원소에 대응되는 오망성의 색을 추가적으로 정리하도록 하겠다.

[그림 4-1] 오망성의 소환 및 퇴거법, 상징기호, 색상

2단계 : 의식

소환 의식은 기존의 왕 및 시니어의 소환의식과 크게 다르지 않다. 단지, 콜을 틀리지 않고 오망성을 이용하여 소환하는 등의 세부적인 부분에 차이가 있을 뿐이다.

| 캘버리 크로스의 천사 소환 의식
1. 가볍게 눈을 감고 명상한다.
2. 셀프 이니시에이션 의식을 행한다.
3. 에노키안 오망성 퇴거의식을 행한다. (오망성의 퇴거 방향)
4. 에노키안 육망성 퇴거의식을 행한다. (육망성의 퇴거 방향)
5. 에노키안 오망성 소환의식을 행한다. (오망성의 소환 방향)
6. 소환하려는 원소의 방위를 향해 선다.
7. 에노키안 콜을 발성한다.
   해당 존재에 해당하는 콜을 발성한다.
8. 왼손은 자연스럽게 내려두고 오른손은 주먹을 쥔 채 검지만 세운다.
9. 오른팔을 앞으로 뻗어 허공을 향한다.
10. 손가락으로 허공에 해당 캘버리 크로스 엔젤에 대응되는 원소의 소환 오망성을 그린다.
11. 오망성을 그리는 동안 해당 원소의 신성한 명칭을 발성한다.
12. 손가락으로 오망성의 중심에 해당 원소의 상징을 그린다.
13. 원소의 상징을 그리면서 해당 원소의 왕의 명칭을 발성한다.
14. 오망성을 향해 손가락을 향한 채로 오망성을 상상하면서 해당 원

소의 여섯 시니어의 명칭을 발성한다.
15. 소환하고자 하는 캘버리 크로스 엔젤의 이름을 반복하여 발성한다.
16. 15번의 명칭을 여러 번 반복하며 그 이름의 성질과 특성에 집중한다.
17. 주변의 분위기가 변한다거나 무언가 느낌(불편하지 않은)이 드는지 살핀다.
18. 분위기가 변하거나 느낌이 들면 그 분위기 혹은 느낌을 대상으로 묵상한다.
19. 충분히 묵상했다면 눈을 뜬다.
20. 소환에 응해준 캘버리 크로스 엔젤에게 감사의 인사를 한다.
21. 허공에 해당 원소에 대응되는 퇴거 오망성을 그린다.
22. 퇴거 오망성을 그리면서 허공에 그려져 있던 오망성이 손끝을 따라 사라지는 것을 상상한다.
23. 오망성이 완전히 사라지면 중앙에 있는 원소 기호가 사라지는 것을 상상한다.
24. 에노키안 오망성 퇴거 의식을 행한다
25. 에노키안 육망성 퇴거 의식을 행한다.
26. 제단을 정리하고 묵상의 느낌과 경험을 일기에 기록한다.

| 캘버리 크로스 엔젤 VADALI와 OBAUA의 소환 의식 예
1. 가볍게 눈을 감고 명상한다.
2. 셀프 이니시에이션 의식을 행한다.
3. 에노키안 오망성 퇴거의식을 행한다.(오망성의 퇴거 방향)

4. 에노키안 육망성 퇴거의식을 행한다. (육망성의 퇴거 방향)
5. 에노키안 오망성 소환의식을 행한다. (오망성의 소환 방향)
6. 불의 원소 방위인 남쪽을 향해 선다.
7. 에노키안 콜을 발성한다.

    6번째 콜을 발성한 뒤에 17번째 콜을 발성한다.
8. 왼손은 자연스럽게 내려두고 오른손은 주먹을 쥔 채 검지만 세운다.
9. 오른팔을 앞으로 뻗어 허공을 향한다.
10. 손가락으로 허공에 **VADALI**와 **OBAUA** 캘버리 크로스 엔젤에 대응되는 불 원소의 소환 오망성을 그린다.
11. 오망성을 그리는 동안 해당 원소의 신성한 명칭을 발성한다.

    OIP-TEAA-PDOKE(Oh-EE-Peh-Teh-Ah-Ah-Peh-Doh-KEh)

12. 손가락으로 오망성의 중심에 불 원소의 상징을 그린다. (△)
13. 불 원소의 상징을 그리면서 해당 원소의 왕의 명칭을 발성한다.

    EDLPRNAA (Eh-DeL-Per-Nah-Ah)

14. 오망성을 향해 손가락을 향한 채로 오망성을 상상하면서 불 원소의 여섯 시니어의 명칭을 발성한다.

    AAETPIO (Ah-Ah-ETah-PIO)
    ADAEOET (ADA-Eh-Oh-ETah)

ALNDVOD (ALah-Neh-Dah-VOhD)

AAPDOKE (Ah-Ah-Peh-Doh-KEh)

ARINNAP (AREE-Neh-NAh-Peh)

ANODOIN (ANOh-DOh-EE-Nah)

15. 소환하고자 하는 캘버리 크로스 엔젤의 이름을 반복하여 발성한다.

VADALI (VA-DA-LI)

OBAUA (Oh-BA-U-Ah)

16. 15번의 명칭을 여러 번 반복하며 그 이름의 성질과 특성에 집중한다.
17. 주변의 분위기가 변한다거나 무언가 느낌(불편하지 않은)이 드는지 살핀다.
18. 분위기가 변하거나 느낌이 들면 그 분위기 혹은 느낌을 대상으로 묵상한다.
19. 충분히 묵상했다면 눈을 뜬다.
20. 소환에 응해준 캘버리 크로스 엔젤에게 감사의 인사를 한다.
21. 허공에 불 원소의 퇴거 오망성을 그린다.
22. 불의 퇴거 오망성을 그리면서 허공에 그려져 있던 오망성이 손끝을 따라 사라지는 것을 상상한다.
23. 오망성이 완전히 사라지면 중앙에 있는 불 원소 기호가 사라지는 것을 상상한다.

24. 에노키안 오망성 퇴거 의식을 행한다
25. 에노키안 육망성 퇴거 의식을 행한다.
26. 제단을 정리하고 묵상의 느낌과 경험을 일기에 기록한다.

PART V 예노키안 수행

| 철학자 Philosophus

원소 하위 사분면의 케루빔 대천사 소환(인보케이션)

이제 캘버리 크로스 천사의 명을 수행하는 케루빔 천사의 소환을 행하게 되면 에노키안 매직에서 기본적으로 행해야 하는 존재의 소환은 마치게 된다. 이후에는 수행의 방향을 통해 30에이터를 향하는 여행을 떠날 수도 있고, 천사의 힘을 이용하여 현실에 변화를 일으키는 실천마법을 행할 수도 있다. 이에 대해서는 다음 장에서 다시 설명하도록 하자.

케루빔 천사의 소환은 캘버리 크로스 천사와 마찬가지로 오망성의 소환을 사용한다. 기본적인 부분은 크게 다르지 않지만, 오망성을 그리는 방법이 조금 차이가 있으므로 주의하여 의식을 행할 필요가 있다.

1단계 : 준비

여기에서 준비해야 할 것은 다음과 같다. 이것들을 미리 준비하여 외워두거나 한 장의 종이에 적어두면 의식을 보다 수월하게 진행할 수 있을 것이다.

- 소환하려는 주 원소 속성에 해당하는 감추어진 신성한 명칭
- 소환하려는 주 원소 속성에 해당하는 원소의 왕의 명칭
- 소환하려는 주 원소 속성에 해당하는 시니어의 명칭
- 소환하려는 캘버리 크로스 천사의 6문자로 된 명칭

- 소환하려는 캘버리 크로스 천사의 5문자로 된 명칭
- 소환하려는 케루빔 천사의 명칭
- 에노키안 콜
- 소환하려는 원소의 방위
- 원소의 오망성을 그리는 법

| 케루빔 천사의 명칭

케루빔 천사의 특성은 그 머리글자가 타블렛 오브 유니언에서 따왔다는 점에 있다. 이는 케루빔 천사가 타블렛 오브 유니언의 특성, 즉 영성 원소의 속성을 지니고 있다는 것을 의미하며 그렇기 때문에 케루빔 천사에는 영성 원소의 특성 중 하나인 활성화Active와 진정화Passive의 속성이 함께 포함되어 있다.

여기에서는 케루빔 천사의 명칭과 그 발성법을 살펴보고, 활성화, 진정화의 부분까지 함께 정리하도록 하자.

명칭	발음	원소 속성	성질
ERZLA	ERa-Zod-ah-LAh	공기 중 공기	활성화
EYTPA	Eh-EE-Tah-PAh	공기 중 물	활성화
ETNBR	ETah-Nah-Beh-Rah	공기 중 대지	활성화
EXGSD	EXah-Geh-Sah-Deh	공기 중 불	활성화
HTAAD	Heh-TAh-ADeh	물 중 공기	진정화
HTDIM	Heh-Ta-DI-Ma	물 중 물	진정화
HMAGL	Heh-MAh-Geh-Lah	물 중 대지	진정화

HNLRX	Heh-Nah-Lah-Rah-Xah	물 중 불	진정화
NBOZA	Neh-BOh-Zod-Ah	대지 중 공기	진정화
NPHRA	NePah-HaRAh	대지 중 물	진정화
NOCNC	NOh-Ceh-Nah-Cah	대지 중 대지	진정화
NASMT	NAh-Sah-Meh-Tah	대지 중 불	진정화
BDOPA	Beh-DOh-PAh	불 중 공기	활성화
BANAA	BA-NA-Ah	불 중 물	활성화
BPSAC	Beh-Pah-Sah-Ceh	불 중 대지	활성화
BZIZA	Ba-Zod-I-Zod-Ah	불 중 불	활성화

| 에노키안 콜

모든 케루빔 천사들은 1번째 콜을 마친 뒤에 2번째 콜을 이어서 행하도록 한다. 여기에서는 캘버리 크로스의 천사들과 같이 각 원소에 따라 콜이 달라지거나 하지 않는다.

| 소환하려는 원소의 방위

방위는 해당 원소의 주 원소 속성에 맞추어 방위를 사용한다. 예를 들어, 물 중 대지의 속성을 지닌 **HMAGL**의 경우 물의 방위인 서쪽을 사용한다.

| 원소의 오망성을 그리는 방법

케루빔 천사의 소환 오망성은 영성 원소의 오망성을 사용한다. 이는 지금까지 사용해왔던 4대 원소의 오망성과는 그리는 방법에 차이가 있으므로 따로 설명하도록 한다.

영성 원소의 오망성을 그리는 법은 활성화와 진정화의 둘로 나눌 수 있으며, 각각은 다시 소환과 퇴거로 나누어볼 수 있다. 오망성의 사용은 케루빔 천사의 머리글자가 E, B일 경우는 활성화의 오망성을, 머리글자가 H, N일 경우는 진정화의 오망성을 사용한다. 오망성을 그리는 법과 그 색은 그림 7-1과 같이 정리할 수 있다. 중앙에 있는 쳇바퀴와 같은 기호는 영성 원소의 원소 상징이다.

[그림 5-1] 영성 원소의 오망성 그리는 법과 그 색

2단계 : 의식

소환 의식은 캘버리 크로스의 천사 소환 의식과 다르지 않으며 오망성을 그리는 것이 차이가 있을 뿐이다.

| 케루빔 천사 소환 의식

1. 가볍게 눈을 감고 명상한다.
2. 셀프 이니시에이션 의식을 행한다.
3. 에노키안 오망성 퇴거의식을 행한다.(오망성의 퇴거 방향)
4. 에노키안 육망성 퇴거의식을 행한다.(육망성의 퇴거 방향)
5. 에노키안 오망성 소환의식을 행한다.(오망성의 소환 방향)
6. 소환하려는 원소의 방위를 향해 선다.
7. 에노키안 콜을 발성한다.
   1번째 콜을 하고, 이어서 2번째 콜을 발성한다.
8. 왼손은 자연스럽게 내려두고 오른손은 주먹을 쥔 채 검지만 세운다.
9. 오른팔을 앞으로 뻗어 허공을 향한다.
10. 손가락으로 허공에 해당 케루빔 천사에 대응되는 원소의 소환 오망성을 그린다.
11. 오망성을 그리는 동안 해당 원소의 신성한 명칭을 발성한다.
12. 손가락으로 오망성의 중심에 해당 원소의 상징을 그린다.
13. 원소의 상징을 그리면서 해당 원소의 왕의 명칭을 발성한다.
14. 오망성을 향해 손가락을 향한 채로 오망성을 상상하면서 해당 원소의 여섯 시니어의 명칭을 발성한다.

15. 오망성을 향해 손가락을 향한 채로 오망성을 상상하면서 해당 케루빔 천사와 동일한 원소 속성을 가진 캘버리 크로스 천사의 이름을 발성한다.
16. 소환하고자 하는 케루빔 천사의 이름을 반복하여 발성한다.
17. 16번의 명칭을 여러 번 반복하며 그 이름의 성질과 특성에 집중한다.
18. 주변의 분위기가 변한다거나 무언가 느낌(불편하지 않은)이 드는지 살핀다.
19. 분위기가 변하거나 느낌이 들면 그 분위기 혹은 느낌을 대상으로 묵상한다.
20. 충분히 묵상했다면 눈을 뜬다.
21. 소환에 응해준 케루빔 천사에게 감사의 인사를 한다.
22. 허공에 해당 원소에 대응되는 퇴거 오망성을 그린다.
23. 퇴거 오망성을 그리면서 허공에 그려져 있던 오망성이 손끝을 따라 사라지는 것을 상상한다.
24. 오망성이 완전히 사라지면 중앙에 있는 원소 기호가 사라지는 것을 상상한다.
25. 에노키안 오망성 퇴거 의식을 행한다.
26. 에노키안 육망성 퇴거 의식을 행한다.
27. 제단을 정리하고 묵상의 느낌과 경험을 일기에 기록한다.

| 불 중 물의 케루빔 천사 BANAA 소환 의식 예
1. 가볍게 눈을 감고 명상한다.

2. 셀프 이니시에이션 의식을 행한다.
3. 에노키안 오망성 퇴거의식을 행한다.(오망성의 퇴거 방향)
4. 에노키안 육망성 퇴거의식을 행한다.(육망성의 퇴거 방향)
5. 에노키안 오망성 소환의식을 행한다.(오망성의 소환 방향)
6. 불의 원소의 방위인 남쪽을 향해 선다.
7. 에노키안 콜을 발성한다.
    1번째 콜을 하고, 이어서 2번째 콜을 발성한다.
8. 왼손은 자연스럽게 내려두고 오른손은 주먹을 쥔 채 검지만 세운다.
9. 오른팔을 앞으로 뻗어 허공을 향한다.
10. 손가락으로 허공에 케루빔 천사 **BANAA**에 대응되는 원소의 소환 오망성을 그린다.
    B로 시작하므로 활성화의 소환 오망성
11. 오망성을 그리는 동안 불 원소의 신성한 명칭을 발성한다.

   OIP－TEAA－PDOKE(Oh-EE-Peh-Teh-Ah-Ah-Peh-Doh-KEh)

12. 손가락으로 오망성의 중심에 불 원소의 상징을 그린다.(△)
13. 원소의 상징을 그리면서 불 원소의 왕의 명칭을 발성한다.

   EDLPRNAA (Eh-DeL-Per-Nah-Ah)

14. 오망성을 향해 손가락을 향한 채로 오망성을 상상하면서 불 원소의 여섯 시니어의 명칭을 발성한다.

AAETPIO (Ah-Ah-ETah-PIO)
ADAEOET (ADA-Eh-Oh-ETah)
ALNDVOD (ALah-Neh-Dah-VOhD)
AAPDOKE (Ah-Ah-Peh-Doh-KEh)
ARINNAP (AREE-Neh-NAh-Peh)
ANODOIN (ANOh-DOh-EE-Nah)

15. 오망성을 향해 손가락을 향한 채로 오망성을 상상하면서 해당 케루빔 천사와 동일한 원소 속성을 가진 캘버리 크로스 천사의 이름을 발성한다.

VADALI (VA-DA-LI)
OBAUA (Oh-BA-U-Ah)

16. 소환하고자 하는 케루빔 천사 BANAA의 이름을 반복하여 발성한다.

BANAA (BA-NA-Ah)

17. 16번의 명칭을 여러 번 반복하며 그 이름의 성질과 특성에 집중한다.
18. 주변의 분위기가 변한다거나 무언가 느낌(불편하지 않은)이 드는지 살핀다.

19. 분위기가 변하거나 느낌이 들면 그 분위기 혹은 느낌을 대상으로 묵상한다.
20. 충분히 묵상했다면 눈을 뜬다.
21. 소환에 응해준 케루빔 천사 **BANAA**에게 감사의 인사를 한다.
22. 허공에 영성의 활성화 원소에 대응되는 퇴거 오망성을 그린다.
23. 퇴거 오망성을 그리면서 허공에 그려져 있던 오망성이 손끝을 따라 사라지는 것을 상상한다.
24. 오망성이 완전히 사라지면 중앙에 있는 원소 기호가 사라지는 것을 상상한다.
25. 에노키안 오망성 퇴거 의식을 행한다.
26. 에노키안 육망성 퇴거 의식을 행한다.
27. 제단을 정리하고 묵상의 느낌과 경험을 일기에 기록한다.

  이렇게 하는 것으로 에노키안 매직에서 기본적으로 소환을 마쳐야 하는 천사의 소환을 모두 마쳤다.

PART VI 이후의 수행

에노키안의 30에이터 방문하기

여기까지의 수행을 마쳤다면 에노키안 타블렛의 수행을 마친 것이 된다. 하지만, 당연하게도 이 수행은 게임과 같이 레벨을 올리는 것이 아니기 때문에 가능하면 각 단계에 공을 들여서 충분한 시간을 두고 수행을 진행하는 것이 좋다. 자칫 빨리 다음 단계로 넘어가기 위해서 수행을 서두르다가는 오히려 피해를 입을 수 있기 때문이다.

여기에서부터는 천사의 소환을 모두 온전히 마쳤다는 가정 하에 그 다음의 내용을 간략히 설명하고자 한다. 이렇게 와치타워의 수행을 마치게 되면 보통 에노키안의 30에이터로의 스피릿 비전을 다음 수행 내용으로 삼는다. 천사들의 소환과 그들의 파동을 통해 자신의 심령중추를 정화, 충전, 변성시킨 것에 의해 다른 세계로 마법사가 의식을 이동시켜 나아갈 수 있게 되었기 때문이다.

에이터의 방문에는 다음의 정보를 필요로 한다.

- 에노키안 콜
- 해당 에이터의 발음법
- 해당 에이터의 관장자와 그 발음법, 인장

| 에노키안 콜

에이터의 에노키안 콜은 19번째 콜을 사용한다. 19번째 콜에서 첫 문장에 스피릿 비전을 하고자 하는 에이터의 명칭을 넣어 발성하는 것으로 콜을 사용한다.

| 에이터의 발음법과 관장자

각 에이터와 그 에이터에 속해있는 관장자들, 그 발음 등을 정리하면 다음과 같다.

숫자	에이터	관장자	사분면	원소속성
1	LIL(el-ee-el)	OCCODON(Occ-oh-doh-ehn)	1	물
		PASCOMB(Pah-s-coh-ehm-be)	2	물
		VALGARS(Vah-l-gah-r-e-ss)	3	물
2	ARN(ah-rah-en)	DOAGNIS((Doh-agg-niss)	1	물
		PACASNA(Pah-kah-sehn-ah)	2	물
		DIALOIA(D-ee-ah-l-ee-oh-ah)	3	물
3	ZOM(zod-oh-em)	SAMAPHA(Sah-mah-peh-hah)	1	물
		VIROOLI(Vee-r-oh-oh-l-ee)	2	물
		ANDISPI(Ann-d-ee-s-pee)	3	물
4	PAZ(peh-ah-zod)	THOTANP(Teh-hoh-tah-ehn-peh)	1	물
		AXXIARG(Ah-tz-zod-ee-ah-r-geh)	2	물
		POTHNIR(Poh-teh-heh-ehn-ee-r)	3	물
5	LIT(el-ee-tah)	LAZDIXI(Lah-zod-dee-tz-ee)	1	물
		NOCAMAL(Noh-kah-mah-ehl)	2	물
		TIARPAX(Tee-ah-r-pah-zod)	3	물
6	MAZ(em-ah-zod)	SAXTOMP(Sah-tz-toh-ehm-peh)	1	불
		VAUAAMP(Vah-vah-ah-ehm-peh)	2	불
		ZIRZIRD(Zod-ee-reh-zod-ee-reh-d)	3	불
7	DEO(deh-eh-oh)	OPMACAS(Oh-peh-mah-kah-s)	1	불
		GENADOL(Geh-nah-doh-ehl)	2	불
		ASPIAON(Ah-s-pee-ah-oh-ehn)	3	불

8	ZID(zod-ee-deh)	ZAMFRES(Zod-ah-ehm-fr-ess)	1	불
		TODNAON(Toh-deh-nah-oh-ehn)	2	불
		PRISTAC(Pree-stah-k)	3	불
9	ZIP(zod-ee-peh)	ODDIORG(Oh-deh-dee-oh-ahr-geh)	1	불
		CRALPIR(Krah-ehl-pee-ahr)	2	불
		DOANZIN(Doh-ah-n-zod-ee-ehn)	3	불
10	ZAX(zod-ah-atz)	LEXARPH(Ehl-eh-tz-ah-r-peh-heh)	1	중앙십자
		COMANAN(Koh-mah-nah-ehn)	2	중앙십자
		TABITOM(Tah-bee-toh-ehm)	3	중앙십자
11	IKH(ee-kah-hoh)	MOLPAND(Moh-ehl-pah-ehn-deh)	1	물
		VSNARDA(Oo-seh-n-ah-r-dah)	2	물
		PONODOL(Poh-noh-doh-ehl)	3	불
12	LOE(el-oh-eh)	TAPAMAL(Tah-dah-mah-ehl)	1	불
		GEDOONS(Geh-doh-oh-ehn-ehs)	2	불
		AMBRIOL(Amm-bree-oh-ehl)	3	불
13	ZIP(zod-ee-em)	GECAOND(Geh-kah-oh-ehn deh)	1	불
		LAPARIN(Lah-pah-r-ee-ehn)	2	불
		DOCEPAX(Doh-keh-pah-tz)	3	불
14	VTA(voh-tah-ah)	TEDOOND(Teh-doh-ah-n-deh)	1	불
		VIUIPOS(Vee-vee-poh-s)	2	불
		VOANAMB(Oh-oh-ah-n-ah-m-beh)	3	불
15	OXO(oh-atz-oh)	TAHAMDO(Tah-hah-m-doh)	1	공기
		NOTIABI(Noh-kee-ah-bee)	2	공기
		TASTOZO(Tah-s-toh-tz-oh)	3	공기
16	LEA(el-eh-ah)	CUCNRPT(Koo-kah-r-peh-teh)	1	공기
		LAVACON(Lah-oo-ah-koh-ehn)	2	공기
		SOCHIAL(Soh-kah-hee-ah-ehl)	3	공기

17	TAN(tah-ah-en)	SIGMORF(S-ee-geh-moh-reff-)	1	공기
		AYDROPT(Ah-veh-dr-oh-peh-teh)	2	공기
		AYDROPT(Ah-veh-dr-oh-peh-teh)	3	공기
18	ZEN(zod-eh-en)	NABAOMI(Nah-bah-oh-mee)	1	공기
		ZAFASAI(Zod-ah-fah-sah-ee)	2	공기
		YALPAMB(Yah-ehl-pah-m-beh)	3	공기
19	POP(peh-oh-peh)	TORZOXI(Toh-r-zod-oh-tz-ee)	1	공기
		ABRIOND(Ah-bree-oh-ehn-deh)	2	공기
		ABRIOND(Ah-bree-oh-ehn-deh)	3	공기
20	KHR(kah-hoh-rah)	ZILDRON(Zod-ee-ehl-droh-ehn)	1	공기
		PARZIBA(Pah-r-zod-ee-bah)	2	공기
		TOTOCAN(Toh-toh-cah-n)	3	공기
21	ASP(ah-ess-peh)	CHIRZPA(Keh-ee-r-zod-pah)	1	공기
		TOANTOM(Toh-ah-ehn-toh-m)	2	공기
		TOANTOM(Toh-ah-ehn-toh-m)	3	공기
22	LIN(el-ee-en)	OSIDAIA(Oh-zod-ee-dah-ee-ah)	1	공기
		PAOAOAN(Pah-rah-oh-ah-ehn)	2	넷 다
		CALZIRG(Kah-ehl-zod-ee-r-geh)	3	대지
23	TOR(tah-oh-rah)	RONOOMB(Roh-noh-oh-m-beh)	1	대지
		ONIZIMP(Oh-nee-zod-ee-ehm-peh)	2	대지
		ZAXANIN(Zod-ah-tz-ah-nee-ehn)	3	대지
24	NIA(en-ee-ah)	ORANCIR(Oh-r-kah-n-eer)	1	대지
		CHASLPO(Keh-hee-ah-ehl-peh-ehs)	2	대지
		SOAGEEL(Soh-ah-geh-eh-l)	3	대지
25	VTI(voh-tah-ee)	MIRZIND(Meer-zod-ee-ehn-deh)	1	대지
		OBUAORS(Oh-beh-vah-oh-r-s)	2	대지
		RANGLAM(Rah-n-glah-m)	3	대지

26	DES(deh-eh-ess)	POPHAND(Poh-peh-hah-ehn-deh)	1	대지
		NIGRANA(Nee-grah-nah)	2	대지
		BAZHIIM(Bah-zod-keh-hee-ehm)	3	대지
27	ZAA(zod-ah-ah)	SAZIAMI(Sah-zod-ee-ah-mee)	1	대지
		MATHVLA(Mah-teh-hoo-lah)	2	대지
		ORPANIB(Oh-r-pah-nee-beh)	3	대지
28	BAG(beh-ah-geh)	LABNIXP(Lah-beh-n-ee-tz-peh)	1	대지
		POCISNI(Poh-kee-ehs-nee)	2	대지
		OXLOPAR(Oh-tz-loh-pah-r)	3	대지
29	RII(rah-ee-ee)	VASTRIM(Vah-s-tree-ehm)	1	대지
		ODRAXTI(Oh-drah-tz-tee)	2	대지
		GMTZIAM(Goh-ehm-zod-ee-ah-ehm)	3	대지
30	TEX(tah-eh-atz)	TAAOGBA(Tah-oh-neh-geh-lah)	1	물
		GEMNIMB(Geh-m-ehn-ee-ehm-beh)	2	물
		ADVORPT(Ah-deh-voh-r-peh-teh)	3	물
		DOXMAEL(Doh-zod-ee-nah-ehl)	4	물

그리고 관장자의 인장은 해당 관장자의 이름을 에노키안 타블렛에서 찾아서 그대로 그리는 것이 관장자의 인장이 된다. 관장자의 인장을 찾는 법은 인터넷에 검색해 보면 쉽게 찾을 수 있으니, 이를 기준으로 해서 스스로 찾아보는 것이 중요하다.

에이터의 여행을 위해서는 위의 준비를 한 뒤에 해당 에이터의 에너지를 불러일으키는 마법의식을 행하고 그 상태에서 스피릿 비전을 행하여 에이터의 세계로 의식을 이동시킨다. 이를 순서로 정리하면 대체적으로 다음과 같이 정리할 수 있다.

1. 셀프 이니시에이션
2. 에노키안 퇴거 리추얼(오망성, 육망성 모두)
3. 에노키안 소환 리추얼(오망성, 육망성 모두)
4. 에노키안 콜
5. 해당 에이터의 관장자 명칭 발성
6. 스피릿 비전을 통한 다른 세계 여행
7. 에노키안 퇴거 리추얼
8. 묵상 및 일상생활

의식적인 부분만을 정리하면 이렇게 되지만, 결국 스피릿 비전이 가능해야만 행할 수 있는 것이므로 여기에서는 이 정도로만 정리하는 것으로 마무리하고자 한다.

※스피릿 비전으로 에이터를 여행하는 방법은 《아우토겐 트레이닝(박한진 저)》을 참고

부록1 | 에노키안 콜

첫 번째 콜 (1st Call)

 에노키안

OL SONF VORSG, GOHO IAD BALT, LANSH CALZ VONPHO: SOBRA Z-OL ROR I TA NAZPAD GRAA TA MALPRG DS HOL-Q QAA NOTHOA ZIMZ OD COMMAH TA NOBLOH ZIEN: SOBA THIL GNONP PRGE ALDI OD VRBS OBOLEH GRSAM CASARM OHORELA CABA PIR OD ZONRENSG CAB ERM IADNAH PILAH FARZM ZURZA ADNA DS GONO IADPIL DS HOM OD TOH SOBA IPAM LU IPAMIS DS LOHOLO VEP ZOMD POAMAL OD BOGPA AAI TA PIAP PIAMO-I OD VAOAN ZACARE C-A OD ZAMRAM ODO CICLE QAA ZORGE, LAP ZIRDO NOCO MAD HOATH IAIDA.

 발음

Ol sonuf vaoresaji, gohu IAD Balata, elanusaha caelazod: sobra-
올 소누프 바오레사지, 고후 이아데 발라타, 엘라누사하 카에라조드: 소브라
zod-ol Roray i ta nazodapesad, Giraa ta maelpereji, das hoel-qo
조드-올 로라이 이 타 나조다페사드, 기라아 타 마엘페레지, 다스 호엘-코
qaa notahoa zodimezod, od comemahe ta nobeloha zodien; soba
콰아 노타호아 조디메조드, 오드 코메마헤 타 노벨로하 조디엔; 소바
tahil ginonupe pereje aladi, das vaurebes obolehe giresam. Causarem
타힐 기노누페 페레제 알라디, 다스 바우레베스 오볼레헤 기레삼. 카우사렘

ohorela caba Pire: das zodonurenusagi cab: erem Iadanahe. Pilahe
오호렐라 카바 피레: 다스 조도누레누사기 캅: 에렘 이아다나헤. 필라헤
farezodem zodenurezoda adana gono Iadapiel das home-tohe:
파레조뎀 조덴우레조다 아다나 고노 이아다피엘 다스 호메-토헤:
soba ipame lu ipamis: das sobolo vepe zodomeda poamal, od bogira
소바 이파메 루 이파미스: 다스 소보로 베페 조도메다 포아말, 오드 보기라
aai ta piape Piamoel od Vaoan! Zodacare, eca, od zodameranu!
아아이 타 피아페 피아모엘 오드 바오안! 조다카레, 에카, 오드 조다메라누!
odo cicale Qaa; zodoreje, lape zodiredo Noco Mada, Hoathahe
오도 키카레 콰아; 조도레레, 라페 조디레도 노코 마다, 호아타헤
I A I D A!
이 아 이 다 !

두 번째 콜 (2nd Call)

 에노키안

ADGT V-PA-AH ZONGOM FA-A-IP SALD VI-I-V L SO-
BAM I-AL-PRG I-ZA-ZAZ PI-ADPH CAS-ARMA ABRAMG
TA TALHO PARACLEDA Q-TA LORS-L-Q TURBS OOGE
BALTCH GIUI CHIS LUSD ORRI OD MI-CALP CHIS BIA
OZONGON LAP NOAN TROF CORS TAGE O-Q MANIN IA-
I-DON TORZU GOHEL ZACAR CA C-NO-QOD, ZAMRAN

MICALZO OD OZAZM VRELP LAP ZIR IOIAD.

 발음

Adagita vau-pa-ahe zodonugonu fa-a-ipe salada! Vi-i-vau el!
아다기타 바우-파-아헤 조도누고누 파-아-이페 살라다! 비-이-바우 엘!
Sobame ial-pereji i-zoda-zodazod pi-adapehe casarema aberameji
소바메 이알-페레지 이-조다-조다조드 피-아다페헤 카사레마 아베라메지
ta ta-labo paracaleda qo-ta lores-el-qo turebesa ooge balatohe!
타 타-라보 파라카레다 쿼-타 로레스-엘-쿼 투레베사 오오게 바라토헤!
Giui cahisa lusada oreri od micalapape cahisa bia ozodonugonu!
기우이 카히사 루사다 오레리 오드 미카라파페 카히사 비아 오조도누고누!
lape noanu tarofe coresa tage o-quo maninu IA-I-DON. Torezodu!
라페 노아누 타로페 코레사 타게 오-쿼오 마니누 이아-이-돈. 토레코두!
gohe-el, zodacare eca ca-no-quoda! zodameranu micalazodo od
고헤-엘, 조다카레 에카 카-노-쿠오다! 조다메라누 미카라조도 오드
ozodazodame vaurelar; lape zodir IOIAD!Adagita vau-pa-ahe
오조다조다메 바우레라; 라페 조디르 이오이아드! 아다기타 바우-파-아헤
zodonugonufa-a-ipesalada!Vi-i-vauel!Sobameial-pereji i-zoda-
조도누고누 파-아-이페 사라다! 비-이-바우 엘! 소바메 이알-페레지 이-조다-
zodazod pi-adapehe casarema aberameji ta ta-labo paracaleda qo-ta
조다조드 피-아다페헤 카사레마 아베라메지 타 타-라보 파라카레다 쿼-타
lores-el-qo turebesa ooge balatohe! Giui cahisa lusada oreri od
로레스-엘-쿼 투레베사 오오게 바라토헤! 기우이 카히사 루사다 오레리 오드

micalapape cahisa bia ozodonugonu! lape noanu tarofe coresa tage
미카라파페 카히사 비아 오조도누고누! 라페 노아누 타로페 코레사 타게
o-quo maninu IA-I-DON. Torezodu! gohe-el, zodacare eca
오-쿠오 마니누 이아-이-돈. 토레조두! 고헤-엘, 조다카레 에카
ca-no-quoda! zodameranu micalazodo od ozodazodame vaurelar;
카-노-쿼오다! 조다메라누 미카라ㄴ도 오드 오조다조다메 바우레라;
lape zodir IOIAD!
라페 조디르 이오이아드!

세 번째 콜(3rd Call)

 에노키안

MICMA GOHO PIAD ZIR COM-SELH A ZIEN BIAB OS LON-
DOH NORZ CHIS OTHIL GIGIPAH VND-L CHIS TA-PU-IM
Q MOS-PLEH TELOCH QUI-I-N TOLTORG CHIS I CHIS GE
M OZIEN DST BRGDA OD TORZUL I LI F OL BALZARG, OD
AALA THILN OS NE TA AB DLUGA VOMSARG LONSA CAP-
MI-ALI VORS CLA HOMIL COCASB FAFEN IZIZOP OD MI
I NOAG DE GNETAAB VAUN NA-NA-E-EL PANPIR MAL-
PIRGI CAOSG PILD NOAN VNALAH BALT OD VOOAN DO
O-I-AP MAD GOHOLOR GOHUS AMIRAN MICMA IEHUSOZ
CA-CA-COM OD DO-O-A-IN NOAR MI-CA-OLZ A-AI-

OM CASARMG GOHIA ZACAR VNIGLAG OD IM-UA-MAR
PUGO PLAPLI ANANAEL Q A AN.

 발음

Micama! goho Pe-IAD! zodir com-selahe azodien biabe os-lon-
미카마! 고호 페-이아드! 조디르 콤-셀라헤 아조디엔 비아베 오스-론-
dohe. Norezoda cahisa otahila Gigipahe; vaunudel-cahisa ta-pu-
도헤. 노레조다 카히사 오타힐라 기기파헤; 바우누델-카히사 타-푸-
ime qo-mos-pelehe telocahe; qui-i-inu toltoregi cahisa i cahisaji
이메 쿼-모스-펠레헤 텔로카헤; 퀴-이-이누 톨토레기 카히사 이 카히사지
em ozodien; dasata beregida od toreodul! Ili e-Ol balazodareji, od
엠 오조디엔 : 다사타 베레기다 오드 토레오둘! 일리 에-올 발라조다레지, 오드
aala tahilanu-os netaabe: daluga vaomesareji elonusa cape-mi-ali
아아라 타히라누-오스 네타아베: 다루가 바오메사레지 엘로누사 카페-미-알리
vaoresa CALA homila; cocasabe fafenu izodizodope, od miinoagi
바오레사 칼라 호미라; 코카사베 파페누 이조디조도페, 오드 미이노아기
de ginetaabe: vaunu na-na-e-el: panupire malapireji caosaji.
데 기네타아베: 바우누 나-나-에-엘 : 파누피레 발라피레지 카오사지.
Pilada noanu vaunalahe balata od-vaoan. Do-o-i-ape mada:
필라다 노아누 바우날라헤 발라타 오드-바오안. 도-오-이-아페 마다:
goholore, gohus, amiranu! Micama! Yehusozod ca-ca-com, od
고호로레, 고후스, 아미라누! 미카마! 예후소조드 카-카-콤, 오드
do-o-a-inu noari micaolazoda a-ai-om. Casarameji gohia:
도-오-아-이누 노아리 미카오라조다 아-아이-옴. 카사라메지 고히아:

도-오-아-이누 노아리 미카올라조다 아-아이-옴. 카사라메지 고히아:
Zodacare! Vaunigilaji! od im-ua-mar pugo pelapeli Ananael
조다카레! 바우니길라지! 오드 임-우아-마르 푸고 펠라펠리 아나나엘
Qo-a-an.
쿼-아-안.

네 번째 콜(4th Call)

에노키안

OTHIL LASDI BABGE OD DORPHA GOHOL G CHIS GE AU-AUAGO CORMP PD DSONF VI V-DI-V CASARMI OALI MAP M SOBAM AG CORMPO C-RP-L CASARMG CRO OD ZI CHIS OD VGEG DST CA PI MALI CHIS CA PI MA ON IONSHIN CHIS TA LO CLA TORGU NOR QUASAHI OD F CAOSAGA BAGLE ZI RE NAI AD DSI OD APILA DO O A IP Q-A-AL ZACAR OD ZAMRAN OBELISONG REST-EL AAF NOR-MO-LAP.

 발음

Otahil elasadi babaje, od dorepaha gohol: gi-cahisaje auauago
오타힐 엘라사디 바바제, 오드 도레파하 고홀: 기-카히사제 아우아우아고
coremepe peda, dasonuf vi-vau-di-vau? Casaremi oeli MEAPEME
코렘페 페다, 다소누프 비-바우-디-바우? 카사레미 오엘리 메아페메

sobame agi coremepo carep-el: casaremeji caro-o-dazodi cahisa
소바메 아기 코레메포 카렙-펠: 카사레메지 카로-오-다조디 카히사
od vaugeji; dasata ca-pi-mali cahisa ca-pi-ma-on: od elonusahinu
오드 바우게지; 다사타 카-피-말리 카히사 카-피-마-온: 오드 엘로누사히누
cahisa ta el-o CALAA. Torezodu nor-quasahi od fe-caosaga:
카히사 타 엘-로 칼라아. 토레조두 노르-쿼아사히 오드 페-카오사가:
Bagile zodir e-na-IAD: das iod apila! Do-o-a-ipe quo-A-AL,
바길레 조디르 에-나-이아드: 다스 이오드 아필라! 도-오-아-이페 쿼오-아-알,
zodacare! Zodameranu obelisonugi resat-el aaf nor-mo-lapi!
조다카레! 코다메라누 오벨리소누기 레사-텔 아이프 노르-몰-라피!

다섯 번째 콜(5th Call)

 에노키안

SA PAH ZIMII DU-I-V OD NOAS TA-QU-A-NIS ADROCH
DORPHAL CA OSG OD FAONTS PERIPSOL TABLIOR CASARM
AMIPZI NA ZARTH AF OD DLUGAR ZIZOP Z-LIDA CAOSA-
GI TOL TORG OD Z-CHIS E SI ASCH L TA VI U OD IAOD
THILD DS PERAL HUBAR PE O AL SOBA CORMFA CHIS TA
LA VIS OD Q-CO-CASB CA NILS OD DARBS Q A AS FETH-
AR-ZI OD BLIORA IA-IAL ED NAS CICLES BAGLE GE IAD
I L.

 발음

Sapahe zodimii du-i-be, od noasa ta qu-a-nis, adarocahe
사파헤 조디미이 두-이-베, 오드 노아사 타 쿠-아-니스, 아다로카헤
dorepehal caosagi od faonutas peripeso ta-be-liore. Casareme
도레페할 카오사기 오드 파오누타스 페리페소 타-베-리오레. 카사레메
A-me-ipezodi na-zodaretahe AFA; od dalugare zodizodope
아-메-이페조디 나-조다레타헤 아파 ; 오드 달루가레 조디조도페
zodelida caosaji tol-toregi; od zod-cahisa esiasacahe El ta-vi-vau;
조델리다 카오사지 톨-토레기; 오드 조드-카히사 에시아사카헤 엘 타-비-바우;
od iao-d tahilada das hubare PE-O-AL; soba coremefa cahisa ta
오드 이아오-드 타힐라다 다스 후바레 페-오-알 ; 소바 코레메파 카히사 타
Ela Vaulasa od Quo-Co-Casabe. Eca niisa od darebesa quo-a-asa:
엘라 바울라사 오드 쿠오-코-카사베. 에카 니이사 오드 다레베사 쿠오-아-아사;
fetahe-ar-ezodi od beliora: ia-ial eda-nasa cicalesa; bagile
페타헤-아르-에조디 오드 벨리오라 ; 이아-이알 에다 니사 키칼레사; 바길레
Ge-iad I-el!
게-이아드 이-엘!

 여섯 번째 콜(6th Call)

 에노키안

GAH S DI U CHIS EM MICALZO PIL ZIN SOBAM EL HARG

MIR BABALON OD OBLOC SAMVELG DLUGAR MALPRG AR-
CAOSGI OD ACAM CANAL SO BOL ZAR F-BLIARD CAOSGI
OD CHIS A NE TAB OD MIAM TA VI V OD D DARSAR SOL
PETH BI EN B RI TA OD ZACAM G MI CALZO SOB HA HATH
TRIAN LU IA HE ODECRIN MAD Q A A ON.

 발음

Gahe sa div cahisa EM, micalazoda Pil-zodinu, sobam El haraji
가헤 사-디브 카히사 엠, 미카라조다 필-조디누. 소밤 엘 하라지
mir babalonu od obeloce samevelaji, dalagare malapereji ar-caosaji
미르 바바로누 오드 오베로케 사메베라지, 델라가레 말라페레지 아르-카오사지
od ACAME canale, sobola zodare fabeliareda caosaji od cahisa
오드 아카메 카나레, 소볼라 조다레 파벨리아레다 카오사지 오드 카히사
aneta-na miame ta Viv od Da. Daresare Sol-petahe-bienu Be-
아네타-나 미아메 타 비브 오드 다. 다레사레 솔-페타헤-비에누 베-
ri-ta od zodacame ji-micalazodo: sob-ha-atahe tarianu luia-he
리-타 오드 조다카메 지-미칼라조도: 소브-하-아타헤 타리아누 루이아-헤
od ecarinu MADA Qu-a-a-on!
오드 에카리누 마다 쿼-아-아-온!

일곱 번째 콜(7th Call)

❦ 에노키안

R A AS ISALMAN PARA DI ZOD OE CRI NI AAO IAL PURGAH
QUI IN ENAY BUTMON OD IN OAS NI PARA DIAL CASARMG
VGEAR CHIRLAN OD ZONAC LU CIF TIAN CORS TO VAUL
ZIRN TOL HA MI SOBA LONDOH OD MIAM CHIS TAD O DES
VMADEA OD PIBLIAR OTHIL RIT OD MIAM C NO QUOL
RIT ZACAR. ZAMRAN OECRIMI Q A DAH OD O MI CA OLZ
AAIOM BAGLE PAP NOR ID LUGAM LONSHI OD VMPLIF
VGEGI BIGLIAD.

❦ 발음

Ra-asa isalamanu para-di-zoda oe-cari-mi aao iala-piregahe
라-아사 이사라마누 파라-디-조다 오에-카리-미 아아오 이알라-피레가헤
Qui-inu. Enai butamonu od inoasa NI pa-ra-diala. Casaremeji
퀴-이누. 에나이 부타모누 오드 이노아사 니 파-라-디알라. 카사레메지
ujeare cahirelanu, od zodonace lucifatianu, caresa ta vavale-zodirenu
우제아레 카히레라누, 오드 조도나케 루키파티아누, 카레사 타 바바레-조디레누
tol-hami. Soba lonudohe od nuame cahisa ta Da o Desa vo-ma-
톨-하미. 소바 로누도헤 오드 누아메 카히사 타 다 오 데사 보-마-
dea od pi-beliare itahila rita od miame ca-ni-quola rita!
데아 오드 피-벨리아레 이타히라 리타 오드 미아메 카-니-쿼올라 리타!
Zodacare! Zodameranu! Iecarimi Quo-a-dahe od I-mica-ol-
조다카레! 조다메라누! 이에카리미 쿠오-아-다헤 오드 이-미카-올-

zododa aaiome. Bajireje papenore idalugama elonusahi-od
조도오다 아아이오메. 바지레제 파페노레 이달루가마 엘로누사히-오드
umapelifa vau-ge-ji Bijil--IAD!
우마펠리파 바우-게-지 비질-이아드!

여덟 번째 콜(8th Call)

 에노키안

BAZMELO I TA PI RIPSON OLN NA ZA VABH OX CASARMG VRAN CHIS VGEG DSA BRAMIG BAL TO HA GOHO I AD SO-LAMIAN TRIAN TA LOL CIS A BA I UO NIN OD A ZI AGI ER RIOR IR GIL CHIS DA DS PA A OX BUFD CAOSGO DS CHIS ODI PURAN TELOAH CACRG ISALMAN LONCHO OD VOUI-NA CARBAF NIISO BAGLE AUAUAGA GOHON NIISO BAGLE MOMAO SIAION OD MABZA IAD O I AS MO MAR POILP NIIS ZAMRAN CI A O FI CAOSGO OD BLIORS OD CORSI TA A BRA MIG.

발음

Bazodemelo i ta pi-ripesonu olanu Na-zodavabebe OX. Casaremeji
바조데메로 이 타 피-리페소누 올라누 나-조다바베베 옥스. 카사레메지
varanu cahisa vaugeji asa berameji balatoha: goho IAD. Soba

바라누 카히사 바우게지 아사 바라메지 알라토하: 고호 이아드. 소바
miame tarianu ta Iolacis Abaivoninu od azodiajiere riore. Irejila
미아메 타리아누 타 이올라키스 아바이보니누 오드 아조디아리에레 지로레. 이레질라
cahisa da das pa-aox busada Caosago, das cahisa od ipuranu telocahe
카히사 다 다스 파-아옥스 부사다 카오사고, 다스 카히사 오드 이푸라누 텔로카헤
cacureji oisalamahe lonucaho od Vovina carebafe? NIISO! bagile
카쿠레지 오이살라마헤 노누카호 오드 보비나 카레바페? 니이소! 바길레
avavago hohon. NIISO! bagile momao siaionu, od mabezoda IAD
아바바고 호혼. 니이소! 바길레 모마오 시아이오누, 오드 마베조다 이아드
oi asa-momare poilape. NIIASA! Zodameranu ciaosi caosago od
오이 아사-모마레 포일라페. 니이사! 조다메라누 키아오시 카오사고 오드
belioresa od coresi ta a beramiji.
벨리오레사 오드 코레시 타 아 베라미지.

아홉 번째 콜(9th Call)

 에노키안

MICA OLI BRANSG PRGEL NAPTA IALPOR DS BRIN EFAFAFE
P VONPHO O L A NI OD OBZA SOBCA V PA AH CHIS TATAN
OD TRA NAN BALYE A LAR LUSDA SO BOLN OD CHIS HOL
Q C NO QUO DI CIAL V NAL ALDON MOM CAOSGO TA LAS
OLLOR GNAY LIMLAL AMMA CHIIS SOBCA MADRID Z CHIS

OOANOAN CHIIS AUINY DRIL PI CAOSGIN OD OD BUTMO-
NI PARM ZUM VI C NILA DAZIZ E THAMZ A-CHILDAO OD
MIRC OZOL CHIS PI DI A I COLLAL VL CI NIN A SOBAM V
CIM BAGLE IAB BALTOH CHIRLAN PAR NIISO OD IP OFA-
FAFE BAGLE ACOSASB ICORSCA UNIG BLIOR.

 발음

Micaoli beranusaji perejala napeta ialapore, das barinu efafaje Γ'E
미카올리 비라누사지 페레잘라 ㅣ페다 이알라포레, 다스 바리누 에파파제 페
vaunupeho olani od obezoda, soba-ca upaahe cahisa tatanu od
바우누페호 올라니 오드 오베조다, 소바-카 우파아헤 카히사 타타누 오드
tarananu balie, alare busada so-bolunu od cahisa hoel-qo ca-no-
타라나누 발리에, 알라레 부사다 소-볼루누 오드 카히사 호엘-쿠오 카-노-
quodi CIAL. Vaunesa aladonu mom caosago ta iasa olalore ginai
쿠오디 키알. 바우네사 알라도누 몸 카오사고 타 이아사 올라로레 기나이
limelala. Amema cahisa sobra madarida zod cahisa! Ooa moanu
리메라라. 아메마 카히사 소브라 마다리다 조드 카히사! 오오아 모아누
cahisa avini darilapi caosajinu: od butamoni pareme zodumebi
카히사 아비니 아릴라피 카오사지누: 오드 부타모니 파레메 조두메비
canilu. Dazodisa etahamezoda cahisa dao, od mireka ozodola
카닐루, 다조디사 에타하메조다 카히사 다오, 오드 미레카 오조돌라
cahisa pidiai Colalala. Ul ci ninu a sabame ucime. Bajile? IAD
카히사 피디아이 콜라라라. 우이 키 니누 아 사바메 우키메. 바질레? 이아드

BALATOHE cahirelanu pare! NIISO! od upe ofafafe; bajile a-
발라토헤 카히레라누 파레! 니이소! 오드 우페 아파파페; 바질레 아-
cocasahe icoresaka a uniji beliore.
코카사헤 이코레사카 아 우니지 벨리오레.

열 번째 콜(10th Call)

 에노키안

CORAXO CHIS CORMP OD BLANS LIUCAL AZIAZOR PAEB SOBA LILONON CHIS VIRQ OP EOPHAN OD SALBROX CYNIXIR FABOAN U NAL CHIS COUST DS SAOX CO CASG OL OANIO YOR EORS VOHIM GIZYAX OD MATH COCASG PLO SI MOLUI DS PA GE IP LARAG OM DROLN MATORB COCASB EMNA L PATRALX YOLCI MATH NOMIG MOMONS OLORA GNAY ANGELARD OHIO OHIO OHIO OHIO OHIO OHIO NOIB OHIO CAOSGON BAGLE MADRID I ZIROP CHISO DRILPA NIISO CRIP IP NIDALI.

 발음

Coraxo cahisa coremepe, od belanusa Lucala azodia-zodore paebe
코락소 카히사 코레메페, 오드 벨라누사 루칼라 아조디아-조도레 파에베
Soba iisononu cahisa uirequo OPE copehanu od racalire maasi bajile

소바 이이소노누 카히사 우이레쿼 오페 코페하누 오드 라카리레 마아시 바질레
caosagi; das yalaponu dosiji od basajime; od ox ex dazodisa siatarisa
카오사기; 다스 얄라포누 도시지 오드 바사지메; 오드 옥스 엑스 다조이사 시아타리사
od salaberoxa cynuxire faboanu. Vaunala cahisa conusata das DAOX
오드 살라베록사 사이눅시레 파보아누. 바우날라 카히사 코누사타 다스 다옥스
cocasa ol Oanio yore vohima ol jizodyzoda od eoresa cocasaji pelosi
코카사 올 오아니오 요레 보히마 올 지조디조다 오드 에오레사 코카사지 펠로시
molui das pajeipe, laraji same darolanu matorebe cocasaji emena.
몰루이 다스 파제이페, 라라지 사메 다로라누 마토레베 코카사지 에네마.
El pataralaxa yolaci matabe nomiji mononusa olora jinayo
엘 파타라락사 욜라키 마타베 노미지 모노누사 올로라 지나요
anujelareda. Ohyo! ohyo! ohyo! ohyo! ohyo! ohyo! noibe Ohyo!
아누제라레다. 오히오! 오히오! 오히오! 오히오! 오히오! 오히오! 노이베 오히오!
caosagonu! Bajile madarida i zodirope cahiso darisapa! NIISO!
카오사고누! 바지레 마다리다 이 조디로페 카히소 다리사파! 니이소
caripe ipe nidali!
카리페 이페 니달리!

열한 번째 콜(11th Call)

 에노키안

OX I AY AL HOLDO OD ZIROM O CORAXO DS ZDDAR RA ASY

OD VAB ZIR COMLIAX OD BA HAL NIISO SALMAN TELOCH CASAR MAN HOLQ OD TI TA Z-CHIS SOBA CORMF I GA NI-ISA BAGLE ABRAMG NONCP ZACARE CA OD ZAMRAN ODO CICLE QAA ZORGE LAP ZIRDO NOCO MAD HOATH IAIDA.

 발음

Oxiayala holado, od zodirome O coraxo das zodiladare raasyo.
옥시아얄라 홀라도, 오드 조디로메 오 코락소 다스 조딜라아레 라아시오.
Od vabezodire cameliaxa od bahala: NIISO! salamanu telocahe!
오드 바베조디레 카멜리악사 오드 바할라: 니이소! 살라마누 텔로카헤!
Casaremanu hoel-qo, od ti ta zod cahisa soba coremefa i ga.
카사레마누 호엘-쿼, 오드 티 타 조드 카히사 소바 코레메파 이 가.
NIISA! bagile aberameji nonucape. Zodacare eca od Zodameranu!
니이사! 바길레 아베라메지 노누카페. 조다카레 에카 오드 조다메라누!
odo cicale Qaa! Zodoreje, lape zodiredo Noco Mada, hoathahe
오도 키카레 콰아아! 조도레제, 라페 조디레도 노코 마다, 호아타헤
I A I D A!
이 아 이 다!

 열두 번째 콜(12th Call)

 에노키안

NONCI DSONF BABAGE OD CHIS OB HUBAIO TIBIBP ALLAR ATRAAH OD EF DRIX FAFEN MIAN AR E NAY OVOF SOBA DO O A IN AAI I VONPH ZACAR GOHUS OD ZAMRAM ODO CICLE QAA ZORGE, LAP ZIRDO NOCO MAD HOATH IAIDA.

 발음

Nonuci dasonuf Babaje od cahisa OB hubaio tibibipe: alalare
노누치 다소노푸 바바제 오드 카히사 오브 후바이오 티비비페: 알라라레
ataraahe od ef! Darix fafenu MIANU ar Enayo ovof! Soba dooainu
아타라아헤 오드 에프! 다릭스 파페누 미아누 아르 에나요 오보프! 소바 도오아이누
aai i VONUPEHE. Zodacare, gohusa, od Zodameranu. Odo cicale
아아이 이 보누페헤. 조다카레, 코후사, 오드 조다메라누. 오드 키카레
Qaa! Zodoreje, lape zodiredo Noco Mada, hoathahe I A I D A!
콰아! 조도레제, 라페 조디레도 노코 마다 호아타헤 이아이다!

열세 번째 콜(13th Call)

 에노키안

NAPEAI BABGEN DS BRIN VX OOAONA LRING VONPH
DOALIM EOLIS OLLOG ORSBA DS CHIS AFFA MICMA ISRO

MAD OD LONSHITOX DS IVMD AAI GROSB ZACAR OD ZAM-
RAN, ODO CICLE QAA, ZORGE, LAP ZIRDO NOCO MAD
HOATH IAIDA.

 발음

Napeai Babajehe das berinu VAX ooaona larinuji vonupehe
나페아이 바바제헤 다스 베리누 박스 오오아오나 라리누지 보누페헤
doalime: conisa olalogi oresaha das cahisa afefa. Micama isaro
도아리메: 코니사 올라로기 오레사하 다스 카히사 아페파. 미카마 이사로
Mada od Lonu-sahi-toxa, das ivaumeda aai Jirosabe. Zodacare
마다 오드 로누-사히-톡사, 다스 이바우메다 아아이 지로사베. 조다카레
od Zodameranu. Odo cicale Qaa! Zodoreje, lape zodiredo Noco
오드 조다메라누. 오도 키카레 콰아! 코도레제, 라페 조디레도 노코
Mada, hoathahe I A I D A.
마다, 호아타헤 이 아 이 다.

열네 번째 콜(14th Call)

 에노키안

NOROMI BAGIE PASBS OIAD DS TRINT MIRC OL THIL DODS
TOLHAM CAOSGO HO MIN DS BRIN OROCH QUAR MIC-
MA BIAL OIAD A IS RO TOX DSI VM AAI BALTIM ZACAR

OD ZAMRAN ODO CICLE QAA, ZORGE, LAP ZIRDO NOCO MAD, HOATH IAIDA.

 발음

Noroni bajihie pasahasa Oiada! das tarinuta mireca OL tahila
노로니 바지히에 파사하사 오이아다! 다스 타리누타 미레카 올 타힐라
dodasa tolahame caosago Homida: das berinu orocahe QUARE:
도다사 톨라하메 카사오사고 호미다: 다스 베리누 오로카헤 쿠아레:
Micama! Bial' Oiad; aisaro toxa das ivame aai Balatima. Zodacare
미카마! 비알 오이아드; 아이사로 톡사 다스 이바메 아아이 발라티마. 조다카레
od Zodameranu! Odo cicale Qaa! Zodoreje, lape zodiredo Noco
오드 조다메라누! 오도 키카레 콰아! 조도레제, 라페 조디레도 노코
Mada, hoathahe I A I D A.
마다, 호아타헤 이 아 이 다.

 열다섯 번째 콜(15th Call)

 에노키안

ILS TABAAN LI AL PRT CASARMAN VPAHI CHIS DARG DSO ADO CAOSGI ORSCOR DS OMAX NONASCI BAEOUIB OD EMETGIS IAIADIX ZACAR OD ZAMRAN, ODO CICLE QAA, ZORGE, LAP ZIRDO NOCO MAD, HOATH IAIDA.

 발음

Hasa! tabaanu li-El pereta, casaremanu upaahi cahisa DAREJI; das
하사! 타바아누 리-엘 페레타, 카사레마누 우파아히 카히사 다레지; 다스
oado caosaji oresacore: das omaxa monasaci Baeouibe od emetajisa
오아도 카오사지 오레사코레: 다스 오막사 모나사키 바에오우이베 오드 에메타지사
Iaiadix. Zodacare od Zodameranu! Odo cicale Qaa. Zodoreje, lape
이아이아딕스. 조다카레 오드 조다메라누! 오도 키카레 콰아. 조도레제, 라페
zodiredo Noco Mada, hoathahe I A I D A.
조디레도 노코 마다, 호아타헤 이 아 이 다.

열여섯 번째 콜(16th Call)

 에노키안

ILS VIUIALPRT SALMAN BLAT DS ACRO ODZI BUSD OD
BLIORAX BALIT DSIN-SI CAOSG LUSDAN EMOD DSOM OD
TLI-OB DRILPA GEH ULS MAD ZILODARP ZACAR OD ZAM-
RAN ODO CICLE QAA, ZORGE, LAP ZIRDO NOCO MAD,
HOATH IAIDA.

 발음

Ilasa viviala pereta! Salamanu balata, das acaro odazodi busada, od
일라사 비비아라 페레타! 살라마누 발라타, 다스 아카로 오다조디 부사다, 오드

belioraxa balita: das inusi caosaji lusadanu EMODA: das ome od
벨리오락사 발리타: 다스 이누시 카오사지 루사다누 에모다: 다스 오메 오드
taliobe: darilapa iehe ilasa Mada Zodilodarepe. Zodacare od
탈리오베: 다릴라파 이에헤 일라사 마다 조딜로다레페. 조다카레 오드
Zodameranu. Odo cicale Qaa: zodoreje, lape zodiredo Noco Mada,
조다메라누. 오도 키카레 콰아: 조도레제, 라페 조디레도 노코 마다,
hoathahe I A I D A.
호아타헤 이 아 이 다.

열일곱 번째 콜(17th Call)

 에노키안

ILS DO ALPRT SOBA VPA AH CHIS MANBA ZIXLAY DODSHI
OD BRINT TAXS HUBARO TAS TAX YLSI, SO BAI AD I VON
PO VNPH ALDON DAX IL OD TOATAR ZACAR OD ZAMRAN
ODO CICLE QAA ZORGE LAP ZIRDO NOCO MAD HOATH
IAIDA.

 발음

Ilasa dial pereta! soba vaupaahe cahisa nanuba zodixalayo dodasihe
일라사 디알 페레타! 소바 바우파아헤 카히사 나누바 조딕사라요 도다시헤
od berinuta FAXISA hubaro tasataxa yolasa: soba Iad I Vonupehe o

오드 베리누타 팍시사 후바로 타사탁사 솔라사: 소바 이아드 이 보누페헤 오
Uonupehe: aladonu dax ila od toatare! Zodacare od Zodameranu!
우오누페헤: 알라도누 닥스 일라 오드 토아타레! 조다카레 오드 조다메라누!
Odo cicale Qaa! Zodoreje, lape zodiredo Noco Mada, hoathahe
오도 키카레 콰아! 조다레제, 라페 조디레도 노코 마다, 호아타헤
I A I D A.
이 아 이 다.

열여덟 번째 콜(18th Call)

 에노키안

ILS MICAIL-Z OLPRIT IAL PRG BLIORS DS ODO CUSDIR
OIAD O UO ARS CAOSGO CA SAR MG LA IAD ERAN BRINTS
CAFAFAM DS IUMD A Q LO A DO HI MOZ OD MA OF FAS
BOLP COMOBLIORT PAMBT ZACAR OD ZAMRAN ODO
CICLE QAA ZORGE LAP ZIRDO NOCO MAD, HOATH IAI-
DA.

발음

Ilasa micalazoda olapireta ialpereji beliore: das odo Busadire Oiad
일라사 키말라조다 올라피레타 이알페레지 벨리오레: 다스 오도 부사디레 오이아드
ouoaresa caosago: casaremeji Laiada ERANU berinutasa cafafame

오우아레사 카오사고: 카사레메지 라이아다 에라누 베리누타사 카파파메
das ivemeda aqoso adoho Moz, od maoffasa. Bolape como belioreta
다스 이베메다 아쿠오소 아도호 모즈, 오드 마도파사. 볼라페 코모 벨리오레타
pamebeta. Zodacare od Zodameranu! Odo cicale Qaa. Zodoreje,
파메베타. 조다카레 오드 조다메라누! 오도 키카레 콰아. 조도레제,
lape zodiredo Noco Mada, hoathahe I A I D A.
라페 조디레도 노코 마다, 호아타헤 이 아 이 다.

열아홉 번째 콜(19th Call)

 에노키안

MADRIAX DS PRAF (에이터의 명칭) CHIS MICAOLZ SAANIR
CAOSGO OD FISIS BAL ZIZRAS IAIDA NONCA GOHULIM
MICMA ADOIAN MAD I A OD BLIORB SA BA OOAONA CHIS
LUCIFTIAS PERIPSOL DS ABRAASSA NONCF NETAAB IB CA-
OSGI OD TILB ADPHAHT DAM PLOZ TOOAT NONCF GMI
CALZOMA L RASD TOFGLO MARB YARRY I DOI GO OD
TOR ZULP IA O DAF GOHOL CAOSGA TA BA ORD SAAN-
IR OD CHRISTEOS YR POIL TI OB L BUS DIR TILB NOALN
PA ID ORSBA OD DODRMNI ZYLNA EL ZAP TILB PARM GI
PE RIP SAX OD TA QURLST BO O A PI S L NIB M OV CHO
SYMP OD CHRISTEOS AG TOL TORN MIRC Q TI OB L LEL,

TOM PAOMBD DILZMO ASPIAN, OD CHRISTEOS AG L TOR
TORN PARACH A SYMP, CORD ZIZ DOD PAL OD FIFALZ
L S MNAD OD FARGT BAMS OMAOAS CONISBRA OD AU-
AUOX TONUG ORS CAT BL NOASMI TAB GES LEUITH MONG
VNCHI OMP TILB ORS. BAGLE MO O O AH OL CORD ZIZ
L CA PI MA O IX O MAXIP OD CA CO CASB GSAA BAGLEN
PI I TIANTA A BA BA LOND OD FAORGT TELOC VO V IM
MA DRI IAX TIRZU O ADRIAX ORO CHA ABOAPRI TABAORI
PRIAZ AR TA BAS. A DR PAN COR STA DOBIX YOL CAM PRI
A ZI AR COAZIOR. OD QUASB Q TING RIPIR PA A OXT SA
GA COR. VM L OD PRD ZAR CA CRG A OI VE A E CORMPT
TORZV ZACAR OD ZAMRAN ASPT SIBSI BUT MONA DS SUR-
ZAS TIA BALTAN ODO CICLE QAA OD OZAMA PLAPLI IAD
NA MAD.

 발음

Madariatza das perifa (에이터의 명칭) cahisa micaolazoda saanire
마다리앗차 다스 페리파 (에이터의 명칭) 카히사 미카올라조다 사아니레
caosago od fifisa balzodizodarasa Iaida. Nonuca gohulime: Micama
카오사고 오드 피피사 발조디조다라사 이아이다. 나누카 고훌리메: 미카마
odoianu MADA faoda beliorebe, soba ooaona cahisa luciftias
오도이아누 마다 파오다 벨리오레베, 소바 오오아오나 카히사 루키프티아스
peripesol, das aberaasasa nonucafe netaaibe caosaji od tilabe

페리페솔, 다스 아베라아사사 노누카페 네타아이베 카오사지. 오드 틸라베
adapehaheta damepelozoda, tooata nonucafe jimicalazodoma
아다페하헤타 다메펠로조다, 토오아타 노누카페 지미칼라조도마
larasada tofejilo marebe yareryo IDOIGO; od torezodulape yaodafe
라라사다 토페질로 마레베 야레르요 이도이고; 오드 토레조둘라페 야오다페
gohola, Caosaga, tabaoreda saanire, od caharisateosa yorepoila
고홀라, 카오사가, 타바오레다 사아니레, 오드 카하리사테오사 요레포일라
tiobela busadire, tilabe noalanu paida oresaba, od dodaremeni
티오벨라 부사디레, 틸라베 노알라누 파이다 오레사바, 오드 도다레메니
zodayolana. Elazodape tilaba paremeji peripesatza, od ta qurelesata
조다요라나. 에라조다페 틸라바 파레메지 페리페삿차, 오드 타 쿠렐레사타
booapisa. Lanibame oucaho sayomepe, od caharisateosa ajitoltorenu,
보오아피사. 라니바메 오우카호 사요메페, 오드 카하리사테오사 아지톨토레누,
mireca qo tiobela Iela. Tonu paomebeda dizodalamo asa pianu,
미레카 쿼오 티오벨라 이엘라. 토누 파오메베다 디조달라모 아사 피아누,
od caharisateosa aji-latore-torenu paracahe a sayomepe.
오드 카하리사테오사 아지-라토레-토레누 파라카헤 아 사요메페.
Coredazodizoda dodapala od fifalazoda, lasa manada, od faregita
코레다조디조다 도다팔라 오드 피팔라조다, 라사 마나다, 오드 파레기타
bamesa omaoasa. Conisabera od auauotza tonuji oresa; catabela
바메사 오마오아사. 코니사베라 오드 아우아우옷차 토누지 오레사; 카타벨라
noasami tabejesa leuitahemonuji. Vanucahi omepetilabe oresa!
노아사미 타베제사 레우이타헤모누지. 바누카히 오메페틸라베 오레사!

Bagile? Moooabe OL coredazodizoda. El capimao itzomatzipe,
바길레? 보오오아베 올 코레다조디조다 엘 카피마오 잇초마트지페,
od cacocasabe gosaa. Bajilenu pii tianuta a babalanuda, od faoregita
오드 카코카사베 고사아. 바질레누 피이이 티아누타 아 바발라누다, 오드 파오레기타
teloca uo uime. Madariiatza, torezodu!!! Oadariatza orocaha
텔로카 우오 우이메. 마다리이앗차, 토레조두!!! 오아다리앗차 오로카하
aboaperi! Tabaori periazoda aretabasa! Adarepanu coresata
아보아페리! 타바오리 페리아오조다 아레타바사! 아다레파누 코레사타
dobitza! Yolacame periazodi arecoazodiore, od quasabe qotinuji!
도빗차! 욜라카메 페리아조디 아레코아조디오레, 오드 콰사베 쿼티누지!
Ripire paaotzata sagacore! Umela od perdazodare cacareji Aoiveae
리피레 파아옷차타 사가코레! 우멜라 오드 페르다조다레 카카레지 아오이베아에
coremepeta! Torezodu! Zodacare od Zodameranu, asapeta sibesi
코레메페타! 토레조두! 조다카레 오드 조다마메라누, 아사페타 시베시
butamona das surezodasa Tia balatanu. Odo cicale Qaa, od
부타모나 다스 수레조다사 티아 발라타누. 오도 키카레 콰아 오드
Ozodazodame pelapeli IADANAMADA!
오조다조다메 펠라펠리 이아다나마다!

부록 2 | 21주 수행과정

여기까지의 과정을 모두 마치고 주기적인 수행의 단계로 들어가는 에노키안 마법사를 위한 21주 수행과정이 있다. 이를 반복적하는 것으로 마법사로서의 자신을 계속해서 훈련시킬 수 있게 될 것이다. 여기에서는 소환 의식 등을 세세하게 설명하지는 않고 어떠한 에너지 혹은 존재를 소환하는지만을 설명하도록 하겠다.

당연하지만 전후에는 오망성 의식과 육망성 의식으로 에너지의 정화, 충전은 필수적으로 해야 한다.

주된 기운들을 소환하는 대의식

| 타블렛 오브 유니언의 존재/기운들

〈1주〉
첫 번째 콜을 발성
두 번째 콜을 발성
아래의 타블렛 오브 유니언의 명칭을 발성
    EXARP (EX-AR-Peh) – 공기에 대응되는 영성적 명칭
    HCOMA (Heh-COh-MAh) – 물에 대응되는 영성적 명칭
    NANTA (En-Ah-En-Tah) – 대지에 대응되는 영성적 명칭
    BITOM (BEE-TOhM) – 불에 대응되는 영성적 명칭
    EHNB (Eh-Heh-NeB) – 가장 높은 영성의 명칭. 타블렛 오브 유

니언의 영성 중 영성

XCAI (Xah-CAh-EE) – 타블렛 오브 유니언의 네 명칭이 가지는 공기의 측면

AONT (Ah-Oh-Nah-Teh) – 타블렛 오브 유니언의 네 명칭이 가지는 물의 측면

RMTO (Rah-Mah-TOh) – 타블렛 오브 유니언의 네 명칭이 가지는 대지의 측면

PAAM (PAh-AMeh) – 타블렛 오브 유니언의 네 명칭이 가지는 불의 측면

| 불의 타블렛에 존재하는 원소의 왕, 시니어, 종천사

〈2주〉

첫 번째 콜을 발성

두 번째 콜을 발성

불의 신성한 감추어진 명칭 발성

    OIP-TEAA-PDOKE (Oh-EE-Peh-Teh-Ah-Ah-Peh-Doh-KEh)

불의 원소의 왕의 명칭 발성

    EDLPRNAA (Eh-DeL-Per-Nah-Ah)

불의 타블렛에 존재하는 시니어의 명칭 발성 및 소환

    AAETPIO (Ah-Ah-ETah-PIO)

    ADAEOET (ADA-Eh-Oh-ETah)

ALNDVOD (ALah-Neh-Dah-VOhD)

AAPDOKE (Ah-Ah-Peh-Doh-KEh)

ARINNAP (AREE-Neh-NAh-Peh)

ANODOIN (ANOh-DOh-EE-Nah)

〈3주〉

6번째 콜(불 중 불의 하위 사분면)을 발성
캘버리 크로스 천사의 6글자 명칭을 발성

   RZIONR (Ra-Zod-I-Oh-Na-Ra)

캘버리 크로스 천사의 5글자 명칭을 발성

   NRZFM (Na-Ra-Zod-Fa-Meh)

케루빔 대천사의 명칭 발성

   BZIZA (Ba-Zod-I-Zod-Ah)

케루빅 천사의 명칭 발성

   ZIZA (Zod-I-Zod-Ah)

   IZAZ (I-Zod-Ah-Zod)

   ZAZI (Zod-Ah-Zod-I)

   AZIZ (Ah-Zod-I-Zod)

종천사의 명칭 발성

   ACAR (Ah-CA-Ra)

   PALI (PA-LI)

   SISP (SI-Sa-Peh)

   ADRE (Ah-Da-REy)

〈4주〉

17번째 콜(불 중 물의 하위 사분면)을 발성

캘버리 크로스 천사의 6글자 명칭을 발성

 VADALI (VA-DA-LI)

캘버리 크로스 천사의 5글자 명칭을 발성

 OBAUA (Oh-BA-U-Ah)

케루빔 대천사의 명칭 발성

 BANAA (BA-NA-Ah)

케루빅 천사의 명칭 발성

 ANAA (ANAh-Ah)

 NAAA (NA-Ah-Ah)

 AAAN (Ah-Ah-AN)

 AANA (Ah-ANAh)

종천사의 명칭 발성

 BRAP (Ba-RA-Peh)

 AMOX (AM-OXah)

 ECOP (EC-Oh-Peh)

 GMNM (Geh-Mah-Neh-Mah)

〈5주〉

16번째 콜(불 중 공기의 하위 사분면)을 발성

캘버리 크로스 천사의 6글자 명칭을 발성

 NOALMR (NOh-ALah-Ma-Ra)

캘버리 크로스 천사의 5글자 명칭을 발성

    OLOAG (Oh-LOh-Ah-Geh)

케루빔 대천사의 명칭 발성

    BDOPA (Beh-DOh-PAh)

케루빅 천사의 명칭 발성

    DOPA (DOh-PAh)

    OPAD (Oh-PAh-Deh)

    PADO (PAh-DOh)

    ADOP (ADOh-PAh)

종천사의 명칭 발성

    VASG (VAh-Sah-Geh)

    SCIO (Sah-CI-Oh)

    APST (APah-Sah-Teh)

    OPMN (OPah-Mah-Neh)

〈6주〉

18번째 콜(불 중 대지의 하위 사분면)을 발성

캘버리 크로스 천사의 6글자 명칭을 발성

    UOLXDO (U-Oh-La-Xa-DOh)

캘버리 크로스 천사의 5글자 명칭을 발성

    SIODA (SI-Oh-DAh)

케루빔 대천사의 명칭 발성

    BPSAC (Beh-Pah-Sah-Ceh)

케루빅 천사의 명칭 발성

    PSAC (Pah-Sah-Ceh)

    SACP (Sah-Cah-Peh)

    ACPS (Ah-Cah-Pah-Sah)

    CPSA (Cah-Pah-SAh)

종천사의 명칭 발성

    RGAN (Ra-GA-Na)

    OOPZ (Oh-Oh-Pah-Zod)

    DIOM (DI-Oh-Mah)

    DATT (DAh-Tah-Teh)

| 물의 타블렛에 존재하는 원소의 왕, 시니어, 종천사

〈7주〉

첫 번째 콜을 발성

두 번째 콜을 발성

물의 신성한 감추어진 명칭 발성

    PH-ARSL-GAIOL (EMPeH-ARaSal-Gah-EE-Oh-Leh)

물의 원소의 왕의 명칭 발성

    RAAGIOSL (RAh-Ah-GEE-Oh-SaL)

물의 타블렛에 존재하는 시니어의 명칭 발성 및 소환

    LSRAHPM (LeS-Rah-Heh-PeM)

SAIINOU (SAh-EE-EE-NOh-OO)

　　LAOAXRP (LAh-Oh-AXeh-ReP)

　　SLGAIOL (SeLah-GAh-EE-OL)

　　LIGDISA (LEEG-DEESah)

　　SONIZNT (SOh-NEE-Zod-Neh-Tah)

〈8주〉

12번째 콜(물 중 불의 하위 사분면)을 발성

캘버리 크로스 천사의 6글자 명칭을 발성

　　IAAASD (IA-Ah-ASah-Deh)

캘버리 크로스 천사의 5글자 명칭을 발성

　　ATAPA (ATAPA)

케루빔 대천사의 명칭 발성

　　HNLRX (Heh-Nah-Lah-Rah-Xah)

케루빅 천사의 명칭 발성

　　NLRX (Na-La-Ra-Xa)

　　LRXN (La-Ra-Xa-Na)

　　RXNL (Ra-Xa-Na-La)

　　XNLR (Xa-Na-La-Ra)

종천사의 명칭 발성

　　RNIL (Rah-NILah)

　　DAPI (DAPI)

　　VASA (VASA)

    XPCN (Xa-Pa-Ca-Na)

〈9주〉
4번째 콜(물 중 물의 하위 사분면)을 발성
캘버리 크로스 천사의 6글자 명칭을 발성
    NELAPR (NEh-LAh-Pah-Ra)
캘버리 크로스 천사의 5글자 명칭을 발성
    ATAPA (ATAPA)
케루빔 대천사의 명칭 발성
    OMEBB (Oh-MEh-Bah-Beh)
케루빅 천사의 명칭 발성
    TDIM (Ta-DI-Ma)
    DIMT (DI-Ma-Ta)
    IMTD (I-Ma-Ta-Deh)
    MTDI (Ma-Ta-DI)
종천사의 명칭 발성
    RVOI (Ra-VOh-I)
    VSSN (Va-Sa-Sa-Na)
    LEOC (LEh-Oh-Ca)
    MAGM (MA-Ga-Ma)

〈10주〉
10번째 콜(물 중 공기의 하위 사분면)을 발성

캘버리 크로스 천사의 6글자 명칭을 발성
    OBGOTA (OBa-GOh-TA)

캘버리 크로스 천사의 5글자 명칭을 발성
    AABCO (Ah-ABa-COh)

케루빔 대천사의 명칭 발성
    HTAAD (Heh-TAh-ADeh)

케루빅 천사의 명칭 발성
    TAAD (TAh-ADeh)
    AADT (Ah-ADeh-Tah)
    ADTA (Ah-Deh-TAh)
    DTAA (Deh-TAh-Ah)

종천사의 명칭 발성
    SAIX (SA-I-Xa)
    PAAX (PA-AXeh)
    NHDD (Neh-Hah-Dah-Deh)
    TOCO (TOh-COh)

〈11주〉

11번째 콜(물 중 대지의 하위 사분면)을 발성

캘버리 크로스 천사의 6글자 명칭을 발성
    MALADI (MA-LA-DI)

캘버리 크로스 천사의 5글자 명칭을 발성
    OLAAD (Oh-LAh-ADeh)

케루빔 대천사의 명칭 발성
>   HMAGL (Heh-MAh-Geh-Lah)

케루빅 천사의 명칭 발성
>   MAGL (MAh-Geh-Lah)
>
>   AGLM (AGeh-Lah-Meh)
>
>   GLMA (Geh-Lah-MAh)
>
>   LMAG (Lah-MAh-Geh)

종천사의 명칭 발성
>   XRNH (Xa-Ra-Na-Heh)
>
>   IIPO (I-I-POh)
>
>   NDZN (Nah-Deh-Zod-Nah)
>
>   PACO (PAh-COh)

| 공기의 타블렛에 존재하는 원소의 왕, 시니어, 종천사

〈12주〉

첫 번째 콜을 발성

두 번째 콜을 발성

공기의 신성한 감추어진 명칭 발성
>   ORO-IBAH-AOZPI (OROh-EE-BAH-Ah-Oh-Zod-PEE)

물의 원소의 왕의 명칭 발성
>   BATAIVAH (BATAh-EE-VAh-Heh)

물의 타블렛에 존재하는 시니어의 명칭 발성 및 소환

 HABIORO (HAh-BEE-ORO)

 AAOZAIF (Ah-Ah-Oh-Zod-Ah-EE-Fah)

 HTMORDA (HeTah-MORah-DAh)

 AHAOZPI (AHAh-Oh-Zod-PEE)

 HIPOTGA (HEE-POh-Teh-GAh)

 AVTOTAR (AVah-TOh-TARah)

〈13주〉

9번째 콜(공기 중 불의 하위 사분면)을 발성

캘버리 크로스 천사의 6글자 명칭을 발성

 AOURRZ (Ah-Oh-U-Ra-Ra-Zod)

캘버리 크로스 천사의 5글자 명칭을 발성

 ALOAI (ALOh-Ah-I)

케루빔 대천사의 명칭 발성

 EXGSD (EXah-Geh-Sah-Deh)

케루빅 천사의 명칭 발성

 XGSD (Xah-Geh-Sah-Deh)

 GSDX (Geh-Sah-Deh-Xah)

 SDXG (Sah-Deh-Xah-Geh)

 DXGS (Deh-Xah-Geh-Sah)

종천사의 명칭 발성

 PMOX (Pah-MOh-Xah)

OTOI (Oh-TOh-I)

NPNT (Neh-Pah-Neh-Tah)

ACCA (ACeh-Cah)

〈14주〉

7번째 콜(공기 중 물의 하위 사분면)을 발성

캘버리 크로스 천사의 6글자 명칭을 발성

LLACZA (Leh-LAh-Cah-Zod-Ah)

캘버리 크로스 천사의 5글자 명칭을 발성

PALAM (PALAMeh)

케루빔 대천사의 명칭 발성

EYTPA (Eh-EE-Tah-PAh)

케루빅 천사의 명칭 발성

YTPA (EE-Tah-PAh)

TPAY (Ta-PAh-EE)

PAYT (PAh-EE-Teh)

AYTP (Ah-EE-Tah-Pah)

종천사의 명칭 발성

DIRI (DI-RI)

RBNH (Ra-Ba-Na-Heh)

PAOC (PAh-Oh-Cah)

OYUB (Oh-EE-U-Beh

⟨15주⟩

3번째 콜(공기 중 공기의 하위 사분면)을 발성

캘버리 크로스 천사의 6글자 명칭을 발성

    IDOIGO (I-DOh-I-GOh)

캘버리 크로스 천사의 5글자 명칭을 발성

    ARDZA (ARah-Da-Zod-Ah)

케루빔 대천사의 명칭 발성

    ERZLA (ERa-Zod-ah-LAh)

케루빅 천사의 명칭 발성

    RZLA (Ra-Zod-ah-LA)

    ZLAR (Zod-ah-LA-Ra)

    LARZ (LA-Ra-Zod)

    ARZL (ARa-Zod-ah-Leh)

종천사의 명칭 발성

    FMND (Fah-Meh-Nah-Deh)

    SIAS (SI-Ah-Sa)

    TOTT (TOh-Tah-Teh)

    CZNS (Cah-Zod-Nah-Sah)

⟨16주⟩

8번째 콜(공기 중 대지의 하위 사분면)을 발성

캘버리 크로스 천사의 6글자 명칭을 발성

    AIAOAI (Ah-I-Ah-Oh-Ah-I)

캘버리 크로스 천사의 5글자 명칭을 발성
 OIIIT (Oh-I-I-I-Tah)

케루빔 대천사의 명칭 발성
 ETNBR (ETah-Nah-Beh-Rah)

케루빅 천사의 명칭 발성
 TNBR (Tah-Nah-Beh-Rah)
 NBRT (Nah-Beh-Rah-Tah)
 BRTN (Beh-Rah-Tah-Nah)
 RTNB (Rah-Tah-Nah-Beh)

종천사의 명칭 발성
 SHAL (Sah-HAh-Lah)
 OCNM (OCa-Nah-Meh)
 NACO (NAh-COh)
 ABMO (ABeh-MOh)

| 대지의 타블렛에 존재하는 원소의 왕, 시니어, 종천사

⟨17주⟩
첫 번째 콜을 발성
두 번째 콜을 발성
공기의 신성한 감추어진 명칭 발성
 MOR-DIAL-HCTGA (eh-MOR-DEE-AL-Heh-Cah-Tah-Gah)

물의 원소의 왕의 명칭 발성

    ICZHIHAL (EE-Cah-Zod-HEE-HAL)

물의 타블렛에 존재하는 시니어의 명칭 발성 및 소환

    LAIDROM (LAh-EE-Deh-Roh-Meh)

    ACZINOR (ACah-Zod-EE-NOh-Rah)

    LZINOPO (Lah-Zod-EE-NOh-POh)

    ALHCTGA (ALah-Heh-Cah-Tah-Gah)

    LIIANSA (LEE-EE-Ah-Neh-SAh)

    AHMLICV (Ah-HeM-LEE-Cah-Veh)

〈18주〉

15번째 콜(대지 중 불의 하위 사분면)을 발성

캘버리 크로스 천사의 6글자 명칭을 발성

    OPMNIR (OPah-Meh-NIRah)

캘버리 크로스 천사의 5글자 명칭을 발성

    ILPIZ (ILah-PIZod)

케루빔 대천사의 명칭 발성

    NASMT (NAh-Sah-Meh-Tah)

케루빅 천사의 명칭 발성

    ASMT (ASah-Meh-Tah)

    SMTA (Sah-Meh-TAh)

    MTAS (Meh-TAh-Sah)

    TASM (TAh-Sah-Meh)

종천사의 명칭 발성

    STIM (Sah-TI-Mah)

    IZXP (IZod-aXah-Peh)

    IABA (IAh-BAh)

    MSAP (Meh-SAh-Pah)

〈19주〉

14번째 콜(대지 중 물의 하위 사분면)을 발성

캘버리 크로스 천사의 6글자 명칭을 발성

    ANAEEM (ANAh-Eh-Eh-Mah)

캘버리 크로스 천사의 5글자 명칭을 발성

    SONDN (SONah-Dah-Nah)

케루빔 대천사의 명칭 발성

    NPHRA (NePah-HaRAh)

케루빅 천사의 명칭 발성

    PHRA (Pah-HaRAh)

    HRAP (HaRAh-Pah)

    RAPH (RAPah-Heh)

    APHR (APah-HaRah)

종천사의 명칭 발성

    IAHL (IA-HaLah)

    RLMU (Reh-LaMU)

    GBAL (Geh-BALah)

OMGG (OMeh-Geh-Gah)

〈20주〉
13번째 콜(대지 중 공기의 하위 사분면)을 발성
캘버리 크로스 천사의 6글자 명칭을 발성
　　　ANGPOI (ANah-Geh-POh-I)
캘버리 크로스 천사의 5글자 명칭을 발성
　　　UNNAX (UNeh-NAh-Xah)
케루빔 대천사의 명칭 발성
　　　NBOZA (Neh-BOh-Zod-Ah)
케루빅 천사의 명칭 발성
　　　BOZA (BOh-Zod-Ah)
　　　OZAB (Oh-Zod-Ah-Beh)
　　　ZABO (Zod-Ah-BOh)
　　　ABOZ (Ah-BOh-Zod)
종천사의 명칭 발성
　　　IZNR (IZod-Nah-Rah)
　　　RSNI (Rah-SaNI)
　　　ORMN (OReh-Mah-Nah)
　　　AIRA (Ah-IRAh)

〈21주〉
5번째 콜(대지 중 대지의 하위 사분면)을 발성

캘버리 크로스 천사의 6글자 명칭을 발성

    ABALPT (ABALah-Peh-Tah)

캘버리 크로스 천사의 5글자 명칭을 발성

    ARBIZ (ARah-BI-Zod)

케루빔 대천사의 명칭 발성

    NOCNC (NOh-Ceh-Nah-Cah)

케루빅 천사의 명칭 발성

    OCNC (Oh-Ceh-Nah-Cah)

    CNCO (Ceh-Nah-COh)

    NCOC (Neh COh Ceh)

    COCN (COh-Cah-Nah)

종천사의 명칭 발성

    AXIR (Ah-XIRah)

    RXAO (Rah-XAh-Oh)

    DOOP (DOh-Oh-Peh)

    OPNA (Oh-Peh-NAh)

부록3 | 에노키안 매직의 마법도구들과 마법도구 축성 의식

　에노키안 매직은 본래 정식으로 행하자면 구비해야 하는 마법도구들이 매우 많다. 이 책에서는 그러한 도구들을 최대한 간략화한 상태의 마법의식을 소개했지만, 본격적으로 에노키안 매직에 입문한다면 앞으로 소개할 마법도구들을 구비한 상태로 마법의식을 행하는 편이 더욱 더 에노키안 매직의 깊은 곳으로 들어갈 수 있게 해 준다.

　이 도구들을 통해 마법사는 마법적인 힘을 보조받으며 자신의 마법의식에 더욱 집중할 수 있기 때문이다. 그러므로, 만약 본격적으로 에노키안 매직의 세계에 들어가고 싶다면 아래에 소개하는 마법도구들을 구비하고 그것들을 축성의식을 통해 정화-축성해 두는 것을 권한다.

에노키안의 신성한 테이블 Enochial Holy Table

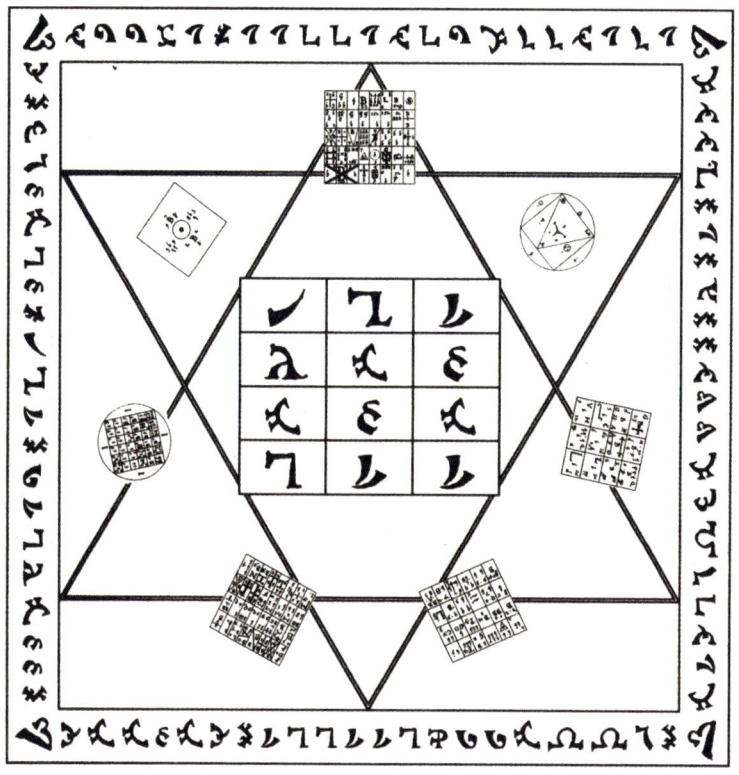

[그림 6-1] 에노키안의 신성한 테이블

이는 에노키안 매직의 제단에 해당하는 것으로, 본래의 모습은 [그림 6-2]의 모습 위에 7개의 행성 탈리스만을 올려놓은 것과 같다. 의식을 행할 때에는 중앙의 마방진 위에 **Sigillum dei Ameth**를 올려두고 그 위에 소환을 위한 거울(보통은 흑경)을 올려놓고 의식을 행하는 경우도 있다. 그러므로 이 신성한 테이블을 나누자면 총 셋으로 나눌 수 있는데 첫 번째는 제단으로도 사용하는 신성한 테이블이며, 두 번째는 테이블 위에 놓는 행성의 탈리스만이며, 세 번째는 중앙에 배치하는 Sigillum dei Ameth가 된다.

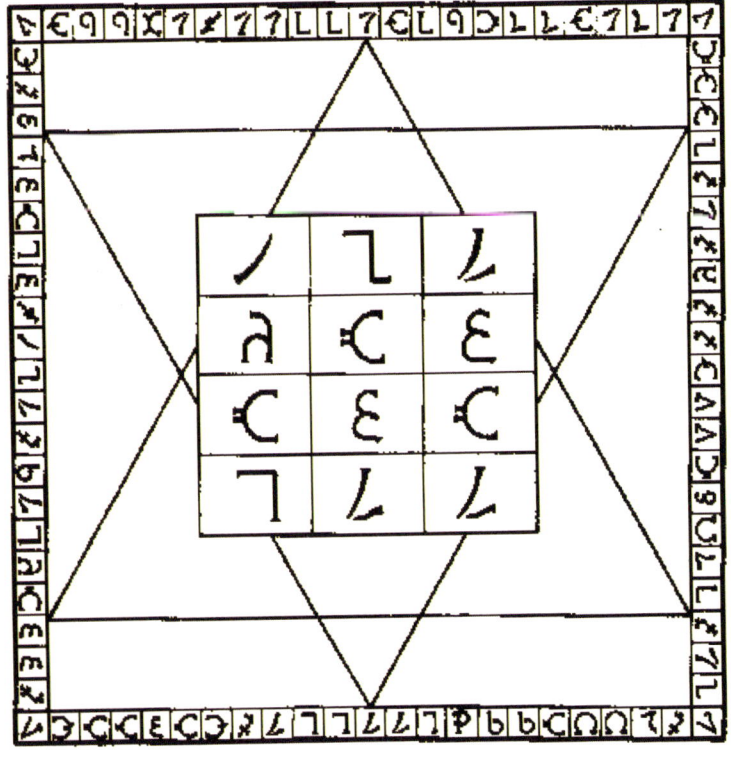

[그림 6-2] 행성 상징이 없는 신성한 테이블

다음으로 에노키안의 신성한 테이블을 살펴보면 테이블 전체를 감싸는 육망성과 중앙의 3×4의 마방진, 테이블을 둘러싸는 에노키안 문자들을 볼 수 있다.

우선적으로 육망성은 일곱 행성을 상징한다. 각 행성은 육망성의 각 꼭짓점에 대응되며 태양은 중앙에 위치한다. 또한, 마법적 4대 원소의 상징을 모두 겹쳐놓았을 때 육망성이 되기도 한다. 그러므로 육망성은 마법적인 힘을 상징한다고 볼 수 있다.

다음으로 중앙의 테이블에 위치한 에노키안 타블렛의 문자는 다음과 같다.

O	I	T
M	L	U
L	M	L
O	O	E

이것을 좌에서 우로 읽게 되면 다음과 같은 의미를 가진다.

OIT : 이것은
MIT : 해일
LML : 보물
OOE : 엑스터시

그러므로 이를 한데 모아 문장으로 하면 다음과 같은 문장이 된다.

"이는 막대한 황홀경의 해일이다."

이를 위에서 아래로 읽게 되면 다음과 같은 의미를 가진다.

OMLO : 최초의 지식
ILMO : 에이터의
TULE : 또한 마지막

이를 모아 문장으로 하면 다음과 같은 문장이 된다.

"에이터의 최초 지식이기도 하며 마지막이기도 하다"

테이블을 둘러싼 에노키안은 시작과 끝을 찾을 수 없기 때문에 읽기가 난해한 부분이 있다. 여기에서는 중앙의 마방진에 존재하는 문장을 기준으로 생각해볼 수 있다. 이 전체를 읽어보게 되면 다음과 같은 에노키안을 읽을 수 있다.

OIT EOGA MLU LN-BAM LML EOAN OOE GZE PLG BASP OI OI PSEA M OAVAANBBL LN0NIA-O SOB SSNO L. EG(GE) OOEEON/ F G-DO BNG(BRABZG) SMAN-M MEL-F

이를 해석하면 다음과 같다.

"이는 엑스터시의 형상으로 존재하는 잊혀진 보물이 방출되는 장소이다. 오로지 불만이 실재하는 곳이다. 이는 최초의 형상인 바발론 Babalon과 짐승의 길이다. 눈 The Eyes 은 오로지 빠르게 만나게 될 여러 수호자와 그 대표자들의 이름으로 쉬고자 한다."

이제 테이블 위에 배치된 일곱 행성의 탈리스만을 보도록 하자. 이 탈리스만을 테이블에 새겨놓는 마법사도 있으며 그렇지 않고 따로 보관하여 의식을 행할 때마다 배치하는 마법사도 있다. 이에 대해서는 개인의 취향에 따라 선택하면 될 것이다. 어떤 마법사들은 이 일곱 행성의 탈리스만은 솔로몬 왕의 마법서인 게티아 Goetia 에서 유래한 것으로 본다. 이 행성의 탈리스만은 매번 새로 만드는 마법사가 있는가하면 목판 등에 새겨서 반복해서 사용하는 마법사도 있고, 판화와 같이 새긴 뒤에 의식을 행할 때마다 종이에 찍어서 만드는 등 마법사마다 사용하는 방법이 여러 가지이므로 본인이 원하는 대로 작성하여 테이블 위에 배치하면 된다.

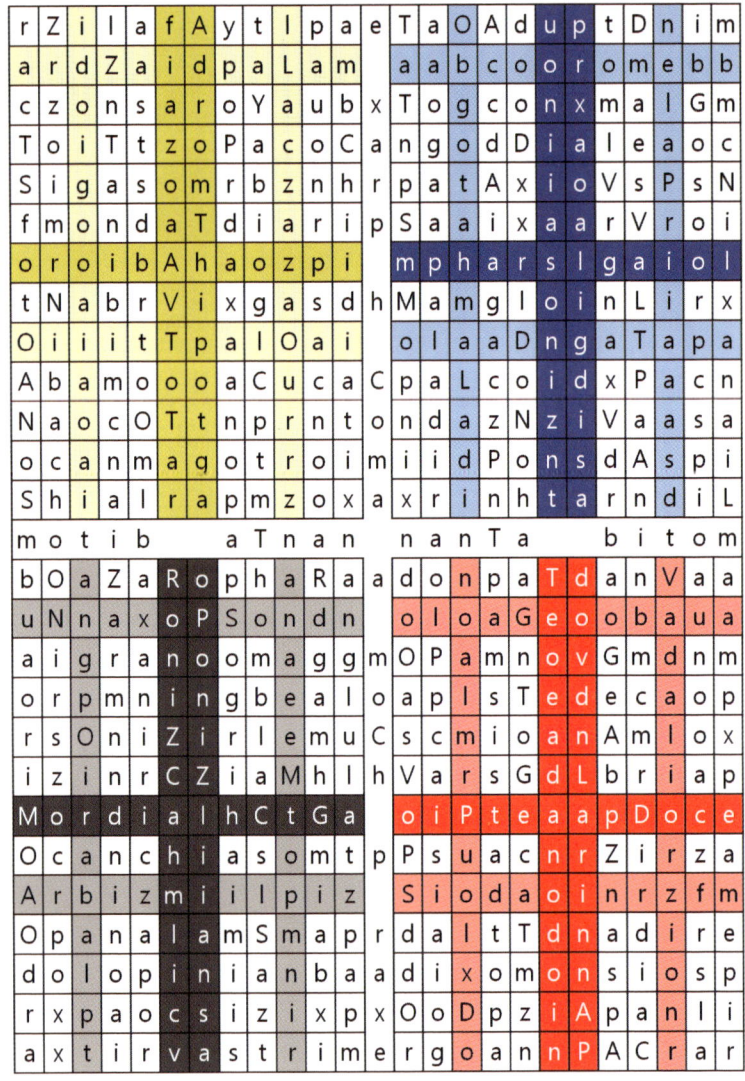

[그림 6-3] 일곱 행성의 탈리스만(좌측부터)

Sigillum dei Ameth

[그림 6-4] **Sigillum dei Ameth**

이 **Sigillum dei Ameth**는 신성한 펜타클Holy Pentacle 혹은 대봉인Great Seal이라는 이름으로 불리기도 하며 보통 왁스 원반에 새겨서 사용한다. 이 원반은 존 디와 에드워드 켈리가 작업 중에 천사에게서 받았다고 한다. 이 원반에 포함되어 있는 정보는 다음과 같다.

I. 신의 일곱 가지 이름(발음법 불명)

　　1. SAAEME

　　2. BTZKASE

　　3. HEIDENE

　　4. DEIMOA

　　5. IMEGCBE

　　6. ILAOIVN

　　7. IHRIAAL

II. 천사의 네 그룹(질망성에서 찾을 수 있음)

　　A 그룹

　　　1. E(Eh)

　　　2. Me(Meh)

　　　3. Ese(Es-seh)

　　　4. Iana(Ee-ah-nah)

　　　5. Akele(Ah-keh-leh)

　　　6. Azdobn(Ah-zod-doh-ben)

　　　7. Stimcul(Ess-tee-em-kul)

　　B 그룹

　　　1. I(Ee) (태양)

　　　2. IH(Eeheh) (달)

　　　3. Ilr(Ee-lar) (금성)

4. Dmal(Dem-ah-el) (목성)

　　5. Heeoa(Heh-oh-ah) (화성)

　　6. Beigia(Beh-ee-gee-ah) (수성)

　　7. Stimcul(Ess-tee-em-kul) (토성)

C 그룹

　　1. S(Ess)

　　2. Ab(Ab-beh)

　　3. Ath(Ah-teh)

　　4. Ized(Ee-zod-deh)

　　5. Ekiel(Eh-kee-ehee)

　　6. Madimi(Em-ah-dee-mee)

　　7. Esemeli(Ess-em-el-ee)

D 그룹

　　1. L(El)

　　2. Aw(Ah-weh)

　　3. Ave(Ah-veh)

　　4. Liba(El-ee-bah)

　　5. Oocle(Ee-oh-keh-leh)

　　6. Hagone(Hah-goh-neh)

　　7. Ilemese(Ee0leh-meh-seh)

III. 일곱 위대한 천사의 이름 (이들은 천상의 일곱 원에 거하는 천사)
   1. SAB-ATH-IEL "위엄에서 첫 번째인 자"
   2. Z-EDEK-IEL "성취에서 첫 번째인 자"
   3. MAD-IM-IEL "신의 표현에서 첫 번째인 자"
   4. SE-MEL-IEL "속도에서 첫 번째인 자"
   5. NO-GAH-EL "영혼Spirit에서 첫 번째인 자"
   6. K-ORAB-EIL "황홀경에서 첫 번째인 자"
   7. L-EV-ANAEL "비밀의 지혜에서 첫 번째인 자"

IV. 칠망성의 밖에 있는 일곱 이름
   1. ZLLRHIA Zod-el-lar-hee-ah
   2. AZKAAKB Ah-zod-kah-ah-kebeh
   3. PAVPNHR Pah-veh-pen-har
   4. HDMHLAI Heh-dem-hel-ahee
   5. KKAAEEE Keh-kah-ah-eh-eh-eh
   6. IIEELLL Ee-ee-eh-el-le-leh
   7. EELLMG Eh-el-lem-geh

V. 외부의 원에 있는 문자와 숫자(황금의 여명단에서 찾아낸 네 원소의 왕)
   1. 공기의 왕 Tahaoelog
   2. 물의 왕 Thahebyobeaatanum
   3. 대지의 왕 Thahaaothe

4. 불의 왕 Ohooohaatan

※ 에노키안 타블렛의 명칭이 아님

에노키안 마법반지

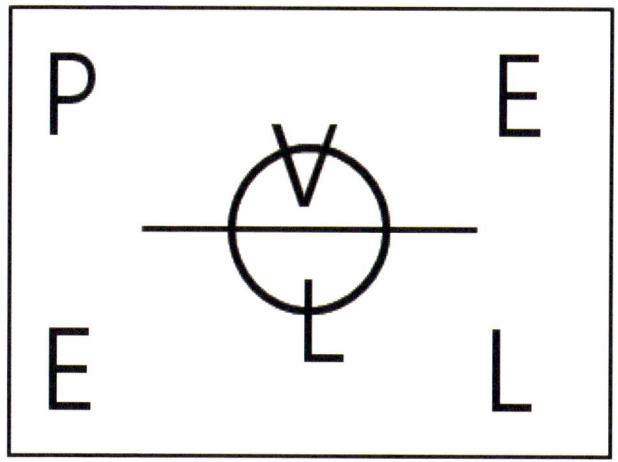

[그림 6-5] 에노키안 마법반지

에노키안 마법반지는 존 디 박사가 꿈에서 대천사 미카엘에게서 받았다고 하는 마법반지이다. 이 마법반지는 착용자를 모든 악한 영향력에서 보호한다고 전해진다. 이 마법반지의 각 모서리에는 **PELE**라고 적혀있으며, 이는 라틴어로 "경이로움Wonder을 다루는 자"라는 의미를 가진다. 또한, 중앙에는 원과 수평선이 그려져 있으며 이 수평선의 위아래로 위에는 V, 아래에는 L이 새겨져 있다. 이 반지는 금으로 만들어야 한다고 전해진다.

4대 원소의 마법무기

4대 원소의 마법무기는 4대 원소를 상징하는 네 가지 마법도구를 말한다. 보통은 단검, 완드, 컵, 펜타클의 네 가지 도구를 의미하며 각각의 도구에 해당 원소를 상징하는 기호 혹은 상징을 그려 넣거나 새겨 넣어서 마법적 의미를 배가한다. 각 원소에 해당하는 마법무기 혹은 마법무기를 대체할 수 있는 마법도구는 다음과 같다.

원소	마법무기	대체물
불	완드	촛불, 뾰족한 물건(원석 스틱 등)
공기	단검	향, 부채, 깃털
대지	펜타클	소금, 흙, 돌
물	컵	종, 움푹 파인 그릇

우선 불의 원소에 해당하는 완드부터 살펴보도록 하겠다. 완드는 여러 가지가 있지만 대부분의 경우는 튼튼한 나뭇가지를 가공하여 사용한다. 혹은 DIY 목공용 나무봉 등을 가공하여 사용하기도 한다. 완드

는 마법적 의지를 상징하며 에너지를 연결하는 기능을 한다. 그러므로 대부분의 경우 허공에 무언가를 그릴 때(상징, 기호, 오망성, 육망성 등) 사용하는 경우가 많다.

 불의 원소에 상응하는 색은 빨간색이므로 완드를 빨간색으로 칠하고, 그 보색인 녹색으로 에노키안 타블렛 중 불의 신성한 명칭인 **OIP TEA PDOKE**와 영성 중 불의 명칭인 **BITOM**을 써 주면 좋다.

[그림 6-6] 완드

 공기의 원소에 해당하는 마법무기인 단검은 양날로, 십자가와 같은 형태의 단검을 사용하는 것이 좋다. 단검은 마법적으로는 분리와 분해, 단절을 위해 사용하기 때문에 의식을 마치고 영향력을 제거한다거나 할 때에 많이 사용한다.

 공기의 원소는 노란색에 대응하므로 칼자루를 노란색으로 칠하고 보라색으로 공기의 신성한 명칭인 **ORO IBAH AOZPI**와 영성 중 공기의 명칭인 **EXARP**를 써주면 좋다.

[그림 6-7] 단검

대지의 원소에 해당하는 마법무기인 펜타클은 평평한 원반 위에 육망성이 그려진 형태를 많이 사용한다. 여기에서 육망성은 4대 원소의 상징을 모두 겹쳤을 때에 생겨나는 모양이기도 하다. 이 마법도구는 대상에 물질적인 강력한 생명력과 에너지를 부여하는 데에 사용한다.

보통은 검은색으로 원반을 칠하고 육망성을 흰색으로 그려 넣는다. 그리고 원판의 원주를 따라 대지의 신성한 명칭인 **MOR DIAL HCTGA**와 영성 중 대지의 명칭인 **NANTA**를 흰색으로 적어 넣으면 좋다.

[그림 6-8] 펜타클

물의 원소에 해당하는 마법무기인 컵은 보통 사용하는 머그컵을 말하는 것이 아니라 와인잔과 같이 생긴 꽃봉오리 같은 모습의 잔을 말한다. 이를 챌리스 Chalice 혹은 고블렛 Goblet 이라고 한다. 이렇게 꽃봉

오리 같은 모습이 여성의 자궁을 상징하는 등의 상징성을 가지고 있으며 대상에게 감성적이고 유연한 에너지를 주는 데에 사용한다. 또한, 날카롭고 거친 남성적인 흐름의 에너지를 방어하는 데에 사용하기도 한다.

가능하면 이 잔을 파란색으로 칠하고 물의 신성한 명칭인 **MPH ARSL GAIOL**과 영성 중 물의 명칭인 **HCOMA**를 주황색으로 적어주면 좋다.

[그림 6-9] 컵

각 마법도구에 새겨 넣는 에노키안의 명칭은 가능하면 영문 알파벳

이 아닌 에노키안 알파벳으로 적어주는 것이 좋다. 각 명칭에 해당하는 에노키안 문자는 다음과 같다.

원소	마법도구	신성한 명칭	타블렛 오브 유니언의 명칭
불	완드	OIP TEA PDOKE	BITOM
공기	단검	ORO IBAH AOZPI	EXARP
대지	펜타클	MOR DIAL HCTGA	NANTA
물	컵	MPH ARSL GAIOL	HCOMA

[그림 6-10] 마법도구에 넣는 에노키안 문자

마법도구 축성 의식

이렇게 완성한 마법도구는 그 자체로 사용하는 것이 아니라 마법적인 의식을 한 번 더 거쳐야 한다. 이를 축성 Consecration 이라고 하는데, 마법도구가 더 이상 일반적인 용도로 사용되는 것이 아니라 마법적인 용도로 사용되도록 하는 것이다. 그러므로 이렇게 축성한 마법도구는 일상 용도로 사용해서는 안 된다.

여기에서는 보편적인 마법물품의 축성의식과 4대 원소 마법무기의 축성의식을 설명하도록 하겠다.

| 에노키안 마법도구 축성 의식

1. 동쪽을 서서 바라보고 편안한 자세를 취한다.
2. 다음의 에노키안을 발성한다.

   PROKOL, O PROKOL, PROFANY BALASTY OMPEDA

3. 에노키안 오망성 퇴거 의식을 행한다.
4. 에노키안 육망성 퇴거 의식을 행한다.
5. 에노키안 콜을 한다.(첫 번째 → 두 번째)
6. 축성할 도구를 머리 위로 들고 하늘 높은 곳에서 맑고 밝은 빛이 도구에 쬐는 것을 상상한다.(만약 도구가 크거나 무겁다면 그 도구를 향해 손가락을 가리키면서 동일하게 빛이 그 도구에 쬐이는 것을 상상한다.)
7. 다음의 에노키안을 발성한다.

   GOHUS TORZU OD ZAKAR NONK GAH DS KHYS COM-MAH OD ZYMYY AAYOM ALDON AMYRAM OD O ZO-RENSG K NA FAORGT SA ETHARZY

   (GOH-HOOS TOR-ZOAD-OO OH-DAH ZOAD-AH-KAH-

RAY NOH-NOO-KAH GAH-HAY DAH-ESS KAH-HEES KOHM-MAH OH-DAH AH-AH-EE-OHM AH-MEE-RAHM OH-DAH ZOAD-ON-RAYNOO-ESS-GEE KAH NAH FAH-OHR-GEE-TAY SAH AY-TAY-HAH-RAY-ZOAD-EE)

E PYLAH EMETGYS OY SYSYON
(AY PEE-LAH AY-MAY-TAY-GEES OH-EE SEE-SEE-OH-NOO)

8. 에노키안 오망성 퇴거의식을 행한다.
9. 에노키안 육망성 퇴거의식을 행한다.
10. 제단을 정리하고 묵상의 느낌과 경험을 일기에 기록한다.

| 4대 마법도구 축성 의식

완드 충전 리추얼

1. 동쪽을 서서 바라보고 편안한 자세를 취한다.
2. 다음의 에노키안을 발성한다.

PROKOL, O PROKOL, PROFANY BALASTY OMPEDA

3. 에노키안 오망성 퇴거 의식을 행한다.

4. 에노키안 육망성 퇴거 의식을 행한다.
5. 오른손에 완드를 들고 불의 와치타워(남쪽)를 향해 선 후, 다음의 에노키안을 발성하고 외운다.

    EDLPRNAA, 불의 와치타워에 있는 그대를 이곳에 청하니 내 완드에 통찰하는 힘을 넣어주소서

6. 잠시 기다리면서 완드에 에너지가 들어가는 것을 느껴본다.
7. 각 시니어를 불러 그 에너지를 완드에 불어넣는다.

    AAETPIO여, 불의 와치타워에 있는 그대를 이곳에 청하니 내 완드에 화성의 창조적인 에너지를 넣어주소서

    ADAEOET여, 불의 와치타워에 있는 그대를 이곳에 청하니 내 완드에 목성의 열광적인 에너지를 넣어주소서

    ALNKVOD여, 불의 와치타워에 있는 그대를 이곳에 청하니 내 완드에 달의 상상의 에너지를 넣어주소서

    AAPDOKE여, 불의 와치타워에 있는 그대를 이곳에 청하니 내 완드에 금성의 아름다운 에너지를 넣어주소서

    ANODOIN여, 불의 와치타워에 있는 그대를 이곳에 청하니 내 완드에 수성의 자유로운 에너지를 넣어주소서

    ARINNAP여, 불의 와치타워에 있는 그대를 이곳에 청하니 내 완드에 토성의 야망의 에너지를 넣어주소서

8. 에너지가 들어가는 것을 모두 느꼈으면 완드를 머리 위로 들어올리고 아래의 에노키안을 발성한 뒤 외운다.

KAB BITOM-ZIZIP

이 완드는 모든 에너지를 연결하는 힘을 가졌도다!

9. 에노키안 오망성 퇴거 의식을 행한다.
10. 에노키안 육망성 퇴거 의식을 행한다.
11. 제단을 정리하고 묵상의 느낌과 경험을 일기에 기록한다.

단검 축성 의식

1. 동쪽을 서서 바라보고 편안한 자세를 취한다.
2. 다음의 에노키안을 발성한다.

PROKOL, O PROKOL, PROFANY BALASTY OMPEDA

3. 에노키안 오망성 퇴거 의식을 행한다.
4. 에노키안 육망성 퇴거 의식을 행한다.
5. 오른손에 단검을 들고 공기의 와치타워(동쪽)를 향해 선 후, 다음의 에노키안을 발성하고 외운다.

BATAIVAH, 공기의 와치타워에 있는 그대를 이곳에 청하니 내 단검에 변화의 힘을 넣어주소서

6. 잠시 기다리면서 단검에 에너지가 들어가는 것을 느껴본다.
7. 각 시니어를 불러 그 에너지를 단검에 불어넣는다.

HABIORO여, 공기의 와치타워에 있는 그대를 이곳에 청하니 내 단검에 화성의 용기 에너지를 넣어주소서

AAOZAIF여, 공기의 와치타워에 있는 그대를 이곳에 청하니 내 단검에 목성의 지혜의 에너지를 넣어주소서

HTNORDA여, 공기의 와치타워에 있는 그대를 이곳에 청하니 내 단검에 달의 본능의 에너지를 넣어주소서

AHAOZPI여, 공기의 와치타워에 있는 그대를 이곳에 청하니 내 단검에 금성의 조화의 에너지를 넣어주소서

AVTOTAR여, 공기의 와치타워에 있는 그대를 이곳에 청하니 내 단검에 수성의 지성의 에너지를 넣어주소서

HIPOTGA여, 공기의 와치타워에 있는 그대를 이곳에 청하니 내 단검에 토성의 보호의 에너지를 넣어주소서

8. 에너지가 들어가는 것을 모두 느꼈으면 단검을 머리 위로 들어올리고 아래의 에노키안을 발성한 뒤 외운다.

NAZPZ TOL-TOH VAOAN

이 단검은 모든 진실을 재단하는 힘을 가졌도다!

9. 에노키안 오망성 퇴거 의식을 행한다.
10. 에노키안 육망성 퇴거 의식을 행한다.
11. 제단을 정리하고 묵상의 느낌과 경험을 일기에 기록한다.

펜타클 축성 의식

1. 동쪽을 서서 바라보고 편안한 자세를 취한다.
2. 다음의 에노키안을 발성한다.

PROKOL, O PROKOL, PROFANY BALASTY OMPEDA

3. 에노키안 오망성 퇴거 의식을 행한다.
4. 에노키안 육망성 퇴거 의식을 행한다.
5. 오른손에 펜타클을 들고 대지의 와치타워(북쪽)를 향해 선 후, 다음의 에노키안을 발성하고 외운다.

IKZHIKAL, 대지의 와치타워에 있는 그대를 이곳에 청하니 내 펜타클에 풍요로움의 힘을 넣어주소서

6. 잠시 기다리면서 펜타클에 에너지가 들어가는 것을 느껴본다.

7. 각 시니어를 불러 그 에너지를 펜타클에 불어넣는다.

> **LAIDROM**여, 대지의 와치타워에 있는 그대를 이곳에 청하니 내 펜타클에 화성의 욕망의 에너지를 넣어주소서
> **AKINZOR**여, 대지의 와치타워에 있는 그대를 이곳에 청하니 내 펜타클에 목성의 관용의 에너지를 넣어주소서
> **LZINOPO**여, 대지의 와치타워에 있는 그대를 이곳에 청하니 내 펜타클에 달의 추억의 에너지를 넣어주소서
> **ALHKTGA**여, 대지의 와치타워에 있는 그대를 이곳에 청하니 내 펜타클에 금성의 풍족함의 에너지를 넣어주소서
> **AHMLLKV**여, 대지의 와치타워에 있는 그대를 이곳에 청하니 내 펜타클에 수성의 명석함의 에너지를 넣어주소서
> **LIIANSA**여, 대지의 와치타워에 있는 그대를 이곳에 청하니 내 펜타클에 토성의 집중됨의 에너지를 넣어주소서

8. 에너지가 들어가는 것을 모두 느꼈으면 펜타클을 머리 위로 들어 올리고 아래의 에노키안을 발성한 뒤 외운다.

> **KHR KAOSGN-KHIDAO**
> 이 펜타클은 이 지구의 다이아몬드이니!

9. 에노키안 오망성 퇴거 의식을 행한다.
10. 에노키안 육망성 퇴거 의식을 행한다.

11. 제단을 정리하고 묵상의 느낌과 경험을 일기에 기록한다.

컵 축성 의식

1. 동쪽을 서서 바라보고 편안한 자세를 취한다.
2. 다음의 에노키안을 발성한다.

   PROKOL, O PROKOL, PROFANY BALASTY OMPEDA

3. 에노키안 오망성 퇴거 의식을 행한다.
4. 에노키안 육망성 퇴거 의식을 행한다.
5. 오른손에 컵을 들고 물의 와치타워(서쪽)를 향해 선 후, 다음의 에노키안을 발성하고 외운다.

   RAAGIOSL, 물의 와치타워에 있는 그대를 이곳에 청하니 내 컵에 포용의 힘을 넣어주소서

6. 잠시 기다리면서 컵에 에너지가 들어가는 것을 느껴본다.
7. 각 시니어를 불러 그 에너지를 컵에 불어넣는다.

   LSRAHPM여, 물의 와치타워에 있는 그대를 이곳에 청하니 내 컵에 화성의 열정의 에너지를 넣어주소서

SAIINOV여, 물의 와치타워에 있는 그대를 이곳에 청하니 내 컵에 목성의 자비의 에너지를 넣어주소서

LAVAXRP여, 물의 와치타워에 있는 그대를 이곳에 청하니 내 컵에 달의 이해의 에너지를 넣어주소서

SLGAIOL여, 물의 와치타워에 있는 그대를 이곳에 청하니 내 컵에 금성의 사랑의 에너지를 넣어주소서

SOAIZNT여, 물의 와치타워에 있는 그대를 이곳에 청하니 내 컵에 수성의 자기표현의 에너지를 넣어주소서

LIGDISA여, 물의 와치타워에 있는 그대를 이곳에 청하니 내 컵에 토성의 안정의 에너지를 넣어주소서

8. 에너지가 들어가는 것을 모두 느꼈으면 컵을 머리 위로 들어올리고 아래의 에노키안을 발성한 뒤 외운다.

TALHO AFFA-ADPHANT

이 컵은 더할 나위 없이 비었으리니!

9. 에노키안 오망성 퇴거 의식을 행한다.
10. 에노키안 육망성 퇴거 의식을 행한다.
11. 제단을 정리하고 묵상의 느낌과 경험을 일기에 기록한다.

 닫는 말

  이렇게 에노키안의 대략적인 모습을 소개했습니다. 하지만 이는 에노키안의 일부분에 지나지 않으며 실제로 에노키안의 수행은 더욱 더 많은 내용이 담겨져 있습니다. 하지만 시작이 반이라고 이를 통해 여러분들이 에노키안 매직의 세계에 찾아와 함께 연구하고 의견을 나눌 수 있다면 그것으로도 매우 값진 일이라고 생각합니다.
  특히 이 서적에서는 이론적인 부분은 기초적인 내용만을 다루고 있습니다. 에노키안의 상징체계와 그 구조는 서로 유기적으로 연결되어 있어서 그 내용만으로도 책 한권 분량은 쉽게 채울 수 있을 정도입니다. 그래서 부득이하게 실천적인 부분에 집중하고자 이론적 부분은 많은 부분 생략하였습니다.

  이것으로 서양 마법의 큰 축 중 하나인 에노키안 매직의 첫걸음을 떼어놓았습니다. 이제 많은 에노키안 마법사들이 각자의 경험을 기반으로 하여 더욱 더 큰 세계로 나아가기를 바랍니다.

  또한 지금까지 수많은 지식과 가르침을 전해주시는 현수 박한진 선

생님을 비롯한 수많은 사형제들에게 감사의 인사를 전합니다.

Sun in Virgo, Moon in Libra

손 인 균

| 추천 및 참고서적 |

1. 「The Complete Enochian Dictionary: A Dictionary of the Angelic Language As Revealed to Dr. John Dee and Edward Kelley」 by Donald C Laycock and Edward Kelly
2. 「Enochian Vision Magick: An Introduction and Practical Guide to the Magick of Dr. John Dee and Edward Kelley」 by Lon Milo DuQuette
3. 「Enochian Magic for Beginners: The Original System of Angel Magic」 by Donald Tyson
4. 「Enochian Magic: A Practical Manual: The Angelic Language Revealed」 by Gerald & Betty Schueler
5. 「John Dee's Five Books of Mystery: Original Sourcebook of Enochian Magic」 by Joseph Peterson
6. 「Practical Angel Magic of Dr. John Dee's Enochian Tables: Tabularum Bonorum Angelorum Invocationes」 by Dr. Stephen Skinner and David Rankine
7. 「The Enochian World of Aleister Crowley: Enochian Sex Magick」 by Aleister Crowley and Lon Milo DuQuette
8. 「The Enochian Tarot」 by Gerald & Betty Schueler
9. 「Enochian Yoga: Uniting Humanity and Divinity」 by Gerald & Betty Schueler
10. 「Practical Enochian Magick」 by James Augustus Newcomb

11. 「An Advanced Guide to Enochian Magick: A Complete Manual of Angelic Magick」 by Gerald J Schueler
12. 「ENOCHIAN INITIATION: A Thelemite's Magical Journey into the Ultimate Transcendence」 by Frater W.I.T
13. 「The Angels' Message to Humanity: Ascension to Divine Union-Powerful Enochian Magick」 by Betty & Gerald Schueler
14. 「The Enochian Workbook: A Complete Guide to Angelic Magic Presented in 43 Easy Lessons」 by Gerald & Betty Schueler